KB070657

기분만
좋으면
된다

기분만 좋으면 된다

초 판 1쇄 2023년 03월 20일

지은이 이장민
펴낸이 류종렬

펴낸곳 미다스북스
총괄실장 명상완
책임편집 이다경
책임진행 김가영, 신은서, 임종익, 박유진

등록 2001년 3월 21일 제2001-000040호
주소 서울시 마포구 양화로 133 서교타워 711호
전화 02) 322-7802~3
팩스 02) 6007-1845
블로그 http://blog.naver.com/midasbooks
전자주소 midasbooks@hanmail.net
페이스북 https://www.facebook.com/midasbooks425
인스타그램 https://www.instagram/midasbooks

ISBN 979-11-6910-184-4 03190

값 **15,000원**

기분만 좋으면 된다

이장민 지음

행복을
결정하는
단 하나

미다스북스

서문

당신이
원하는 삶,
기분만
좋으면 된다!

코로나19가 한창 유행하던 시절, 출근을 하기 위해 집을 나섰다. 기차역을 향해 걸어가고 있는데 지나가는 버스에 붙은 광고가 눈에 들어왔다. 정확하게는 기억이 안 나지만 다음과 같은 내용이었던 것 같다. '코로나19로 마음이 힘드세요? 가까운 사람과 함께하세요!' 정신건강센터에서 제작한 것으로 보이는 광고였는데 보자마자 피식 웃음이 나왔다. 코로나19 대유행으로 자영업자와 소상공인, 청년 등 많은 사람들이 고통을 받고 있는데, 그 고통받는 마음을 치유하는 방법이 가까운 사람을 만나는 것이라고? 틀린 말은 아니지만 누굴 만나기도 어려운 시대에 과연 저게 최선일까? 라는 의구심이 들었다.

우리는 기나긴 코로나19의 터널을 지나오면서도 정신건강, 마음건강, 심리방역 등 어려운 표현을 써가며 지독한 유행병으로부터 마음을 지키기 위해 노력해왔다. 그러나 그런 용어와 각종 매체에 소개되는 마음과 관련된 정부의 지침이나 보도를 보고 있으면 어쩐지 본질에서 벗어난 것 같아 마음이 허전했다. 주변만 살짝 건드리다가 핵심을 놓치고 겉도는 것 같았다. 그렇다! 우리는 기분을 놓치고 있었다. 마음이 힘들 때 기분이 좋아지면 힘든 마음이 나아지고 마음이 밝아진다는 것을 외면하고 있었다. 우울하고 불안할 때도 기분만 좋으면 마음이 한결 편안해진다는 것을 잊고 있었다. 가장 중요한 기분을 간과하고 있었던 것은 아닐까?

나도 마찬가지였다. 내가 기분을 좀 일찍 알았더라면, 기분의 힘을 진즉에 깨달았다면 나의 삶은 분명 달라졌을 것이다. 행복을 찾기 위해 돈과 시간을 낭비하며 헛심을 쓰지 않았을 것이고, 길이 보이지 않아 괴롭고 되는 일이 없어 우울할 때도 술로 몸을 축내지 않았을 것이다. 좋지 않은 일이 반복될 때마다 과거를 후회하며 신세한탄만 하고 있지 않았을 것이고, 가난했던 시절에도 돈 많은 집에서 태어나지 못한 걸 자책하지 않았을 것이다. 원하는 삶이 불가능하다고 생각될 때 자포자기의 심정으로 나쁜 기분에 파묻혀 살지 않았을 것이다. 나는 오랜 시간이 지나 나를 힘들게 하고 고민하게 했던 모든 문제들이 기분에 달렸다는 것을 깨달았다. 그러면서 삶과 관련된 대부분의 문제들이 기분이 좋으면 해결된다는 것을 알았다. 이걸 알고 난 후에 나는 매일 기분을 활용해 막혔던 문제를 풀고 새로운 길을 발견하고 좀 더 안온한 행복을 느끼며 원하는 삶을 향해나가고 있다.

그래서 결국, 기분만 좋으면 된다. 그리고 기분대로 된다. 삶에서 가장 중요한 행복과 건강, 풍요, 인간관계 등 모든 것이 기분만 좋으면 된다. 기분이 좋으면 훨씬 행복해지고 건강해지며 풍요로워진다. 인간관계가 만족스럽게 바뀌는 것은 물론이다. 또한 우리 삶은 기분대로 펼쳐진다. 기분이 좋을 때 삶의 모든 것이 기분 좋은 방향으로 펼쳐지고, 반면 기분이 나쁠 때 삶의 모든 것이 기분 나쁜 방향으로 펼쳐진다. 이와 함께 기분만 좋으면 원하는 것들이 한 걸음씩 다가온다

〈기분 속에 행복, 건강, 풍요, 원하는 삶이 있다〉
O 불행하다고 느낄 때 기분만 좋으면 행복감이 살아난다.
O 마음이 괴롭고 힘들 때 기분만 좋으면 마음이 편안해진다.
O 무기력하고 의욕이 없을 때 기분만 좋으면 열정이 살아난다.

○ 우울하고 답답할 때 기분만 좋으면 마음이 후련해진다.

○ 길을 찾고 싶을 때 기분만 좋으면 길이 보인다.

○ 막막하고 불안할 때 기분만 좋으면 희망이 생긴다.

○ 일이 꼬이고 안 풀릴 때 기분만 좋으면 순탄해진다.

○ 몸이 아플 때 기분이 좋으면 건강을 회복할 수 있다.

○ 인간관계로 고통스러울 때 기분만 좋으면 인간관계가 풀린다.

○ 돈이 없어 좌절할 때 기분만 좋으면 재정상황이 좋아진다.

○ 원하는 것을 이루고 싶을 때 기분만 좋으면 원하는 것이 다가온다.

이처럼 기분에는 우리가 미처 몰랐던 수많은 비밀과 우리가 매 순간 활용할 수 있는 엄청난 힘이 있다. 기분은 단순한 감정이 아니다. 그리고 빨리 흘려보내야 할 귀찮은 존재도 아니다. 손님 보듯 멀리서 바라볼 존재도 결코 아니다. 물론 그럴 때가 필요하긴 하지만 그보다 중요한 건 기분을 있는 그대로 느끼는 것이다. 특히 좋은 기분을 자주 그리고 깊이 느끼는 것이 중요하다. 그래야 기분의 힘을 활용해 더 행복하고 즐거운 삶을 살 수 있다. 좋은 기분은 그 기분대로, 나쁜 기분도 그 기분대로 우리의 삶과 평생 함께해야 할 동반자이자 우리를 행복과 건강, 풍요로 이끄는 안내자이다. 우리는 모든 기분을 느끼면서 진정한 자신을 찾고 진정한 행복을 발견하며 진정으로 원하는 삶을 찾아간다. 이제 기분에 솔직해지고 당당해지자! 이 책은 기분을 솔직하게 드러내고 당당하게 파헤치는 책이다. 그래야 기분을 적극적으로 활용할 수 있기 때문이다.

이를 위해 가장 먼저 기분의 비밀에 다가가야 한다. 왜 기분만 좋으면 세상이 아름다워 보이고, 왜 기분만 좋으면 기분 좋은 일들이 일어나는지. 그리고 기분이 나쁠 때가 왜 삶을 변화시킬 수 있는 반전의 기회인지 등 그동안 알려지지 않았던 기분의 속살들을 드러냈다. 이와 함께 행복한 삶을 위해 일상에서 유용하게 활용할 수 있는 기분관리법을 소개했으며, 오래 지속되는 행복을 위해 좋은 기분과 나쁜 기분을 어떻게 관리할 것인가를 재미있는 사례와 함께 풀었다. 마지막 장에는 기분을 활용해 원하는 삶을 살 수 있는 구체적인 방법을 공유했다. 어쩌면 이것이 이 책에서 말하고자 하는 내용이 아닐까 한다. 기분의 엄청난 힘, 그 힘을 활용하는 사람들은 일찍부터 원하는 삶을 살고 있다. 이제 우리 차례다. 나쁜 기분에 끌려다니며 불행한 삶을 살 것이 아니라 좋은 기분을 활용해 꿈을 이루고 원하는 삶을 살 시간이다.

우리는 늘 기분 때문에 죽을 맛이다. 지옥 같은 기분을 느끼며 더럽고 화난 기분 속에서 겨우 살아가고 있다. 오랜만에 느끼는 좋은 기분은 기분이 언제 나빠질지 몰라 낯설고 불안하며 나쁜 기분은 마음을 괴롭게 하니 진저리가 처질 정도로 싫다. 좋은 기분이든 나쁜 기분이든 기분이 삶을 고통스럽게 한다. 사람들 관계에서도 타인의 기분을 알아차리고 호응해야 하기에 기분은 정말 어렵다. 그런데 기분이 싫다고 나쁜 기분을 방치하면 그때부터 삶이 꼬이고 추락한다. 그럴 때일수록 기분을 관리하고 기분을 전환해야 한다. 이 책은 기분에 대한 책이지만 기분을 뛰어넘는 책이다. 기분을 활용해 깊은 행복을 찾고, 풍요로운 인생을 살고, 원하는 삶을 이루도록 하는 게 이 책의 목적이다. 독자들이 이 책을 읽고 좋은 기분이 왜 중요한지를 깨닫고 기분 좋은 삶을 향해 한 발 한 발 나아갔으면 좋겠다. 그리고 일상 속에서 좋은 기분을 자주, 깊이 느끼면서 기쁨이 충만한 삶을 살 수 있었으면 좋겠다.

2023년 봄, 대전에서

목차

2장

좋은 삶은 좋은 기분에서 시작된다

- 행복을 위한 기분 관리법

5장

기분에 끌려다닐 것인가? 기분을 활용할 것인가?
- 원하는 삶을 이루는 기분의 힘

1장

왜
기분만 좋으면
세상이
아름다워 보일까?

- 기분, 그 오묘한 비밀

요즘 사람들 기분, 더럽거나 화나 있거나

몇 달 전에 발생한 이태원 참사와 해를 이어 계속되고 있는 우크라이나 전쟁 등으로 우리 사회가 어둡다. 세계적 경제위기 속에서 고용불안과 고물가까지 겹치면서 온 나라가 꽁꽁 얼어붙었다. 어디 그뿐인가? 회사에 가면 힘든 마음을 알아주고 공감해주는 사람이 없어 속이 터지고, 학교나 집에서도 허물어진 감정을 교감하기 어려워 답답하다. 어둡고 꽉 막힌 사회는 사람들의 기분도 어둡게 만든다. 그래서일까? 어딜 가든 사람들의 표정이 굳어 있다. 말투는 거칠고 행동은 공격적이다. 출근길에 만나는 사람들에게서 '나 한 번만 건들면 알지!' 이런 살벌한 분위기가 느껴진다. 가뜩이나 무뚝뚝하고 급한 성격은 더욱 심해진 것 같다. 축구 국가대표팀의 카타르 월드컵 선전으로 반짝 좋아졌던 사람들의 기분이 다시 추락해 온 국민의 기분지수가 급감하고 있다. 몸과 마음이 세찬 칼바람을 맞고 있다.

요즘 사람들의 기분을 한마디로 표현하자면 더럽거나 아니면 화나 있거나가 아닐까 한다. 직장이 아니꼽고 상사가 치사해도 참고 버티면서 더러운 기분으로 지내거나 아니면 폭발 직전으로 화가 나 있는 상태다. 30대 우리 회사의 직원들도, 내가 만나는 사람들도 대체로 이 기분에서 벗어나지 않는다. 잊을 만하면 한 번씩 터지는 묻지 마 범죄와 강력 사건이 이를 말해준다. 우리나라 사람들의 행복도가 OECD 국가 중에서 가장 낮다는 뉴스는 더 이상 새롭지 않다. 그만큼 우리나라 사람들이 기분이 나쁜 상태로 살고 있다는 증거다. MZ세대들은 기성세대의 답답한 조직문화와 불합리한 업무방식 때문에 기분이 나쁘고, 중년 세대들은 일자리와 노후 걱정 때문에 기분이 나쁘다. 그렇게 나쁜 기분을 부여잡고 하루하루를 근근이 사는 사람들이 우리나라 사람들이다. 취직을 하든 승진을 하든 입학을 하든 창업을 하든 치열한 생존경쟁을 뚫어야 하는 지독한 환경 때문일까? 회사뿐만 아니라 학교도 가정도 갈수록 팍팍해지고 있다. 특히 경제 위기와 함께 기후 위기, 에너지 위기가 한꺼번에 몰려와 평온한 일상이 위협받고 있다. 좋은 기분을 느낄 수 있는 환경이 빠른 속도로 사라지고 있는 것이다. 삶을 떠받치고 있는 뼈대가 위태위태하니 사람들의 기분도 롤러코스터를 타듯 아슬아슬하다.

분명 우리 삶은 편해졌다. 손만 뻗으면 다양한 오락거리가 넘쳐나 언제든 쉽게 즐거움을 경험할 수 있다. 기분 나쁜 감정을 위로받을 수 있는 자극적인 상품과 서비스가 크게 늘었지만 정작 기분 나쁜 감정은 더 깊어지고 있다. 그러다 보니 나쁜 기분도 더 심해지고 있다. 이제는 나의 행복을 위해 기분 나쁜 삶에 적극적인 관심을 가져야 한다. 기분 나쁜 삶으로부터 자신을 어떻게 지킬 것인가가 중요한 화두가 된 시대다. 기분 나쁜 삶으로부터 자신을 지키지 못하면 마음이 괴로워지고 삶은 불행해질 수밖에 없다. 나쁜 기분에 끌려다니면서 시시각각 변하는 환경에 따라 출렁거리는 삶을 살게 된다. 더럽고 화난 기분은 자신이 관리할 수밖에 없다. 나쁜 기분을 좋은 기분으로 바꾸기 위한 나만의 행동이 절대적으로 필요하다. 결국 기분만 좋으면 된다. 기분이 좋아지면 삶이 한결 행복해지고 나쁜 기분에서도 벗어날 수 있다. 그렇고 엄청난 돈과 시간을 들일 필요가 없다. 사소한 관심과 소소한 행동, 지속적인 노력만 있으면 된다. 중요한 것은 더럽고 화난 기분을 외면하거나 참지 않는 것이다. 당연하게 받아들이지 않는 것이다.

30대 초반에 문화예술기획일을 시작한 나는 더럽고 화난 기분 때문에 혹독한 시절을 겪었다. 그토록 원했던 서울의 대형 공연장에 정규직으로 입사했지만 힘들게 일했던 계약직의 경력을 제대로 인정받지 못했다. 기대보다 낮은 직급에서 일을 하는데 자존감이 떨어지다 보니 어느 순간부터 더럽고 화난 기분이 들었다. 매일 얼굴을 보며 일하는 직급이 높은 동료와 비교가 되자 참담했다. 그렇다고 당장 퇴사를 할 수도 없고 계속 일을 하자니 기분은 나쁘고 이러지도 저러지도 못했다. 출근하면 괴로웠고 퇴근하면 우울했다.

그렇게 기분 나쁜 삶이 계속됐다. 신나는 뮤지컬을 봐도 그때뿐이었고, 매월 정기적으로 열렸던 친목 모임도 가슴의 공허함을 채워주진 못했다. 그래서 집에 오면 술로 나쁜 기분을 달랬다. 나쁜 기분을 잊어야만 잠을 잘 수 있어서 술에 의지해 나쁜 기분을 덮으려고 했다. 덮으려고 하면 더욱 강하게 올라오는 걸까? 결국 더럽고 화난 기분은 나의 몸과 마음은 물론 삶에 깊은 생채기를 남겼다. 단식과 명상, 감정을 공부하며 위장병을 치료하고 마음을 안정시킨 후 나는 나쁜 기분이 인생을 무척 위험하게 한다는 것을 깨달았다. 그 후로는 기분이 나쁠 때 기분을 전환하기 위해 의식적으로 노력한다. 특히 기분 좋은 감정을 최대한 깊게 느끼기 위해 다양한 방법을 활용하고 있다. 더럽고 화난 기분은 인생에 먹구름을 드리운다. 이 기분대로 살 때 몸과 마음은 병들고 삶은 되는 일 없이 엿가락처럼 꼬인다. 요즘 기분이 더럽거나 화난 사람들이 너무 많다.

〈기분이 좋아지는 마법의 한 마디〉

나쁜 기분을 느끼는 만큼 좋은 기분을 느끼기 어려워요.

그러니 나쁜 기분에 파묻히지 말아요.

그 기분을 당연하게 받아들이지 말아요.

도대체 왜 모두 기분이 나빠진 걸까?

5월의 어느 일요일 저녁, 오랜만에 주말 근무를 마치고 집에 가기 위해 어둠이 깔리고 있는 도로를 달리고 있었다. 활짝 핀 꽃들이 춤을 추듯 흩날리는 가운데 도로에는 사라져가는 꽃들을 아쉬워하는 사람들이 길가에 차를 세우고 사진을 찍고 있었다. 그 모습을 흐뭇하게 바라보며 규정 속도보다 속도를 약간 줄여 차를 몰고 있었다, 그런데 뒤에서 느닷없이 경적이 크게 울렸다. 깜짝 놀랐다. '차선도 속도도 잘 지키고 있는 왜 그런 거야!'라는 생각이 들면서 짜증이 났다. 흥분한 감정을 진정시키며 운전을 계속하고 있는데 뒤에서 달리던 차가 내 차의 오른쪽으로 차선을 바꾸더니 출력을 갑자기 높여 내 차를 추월하는 것이었다. 그러더니 30대로 보이는 남자가 "아저씨! 규정속도대로 달려야지 뭐 하고 있어?"라고 반말을 하면서 지나가는 것이었다.

　　이런 일도 있었다. 문화예술기획을 하면서 업무가 생소하거나 정보가 부족할 때 이것저것 도움을 주었던 지인이 있었다. 늘 고마움을 느끼고 있었던 사람이었다. 어느 날, 사무실에서 일을 하고 있는데 전화기가 울려 받으니 화가 잔뜩 묻어난 목소리로 지인이 자신의 사무실로 빨리 오라는 것이었다. 왠지 불길했다. 그의 사무실이 바로 옆에 있어 얼른 가보니 사람들이 많이 있었는데도 불구하고 상기된 얼굴로 나에게 욕을 하는 것이었다. "니가 일을 그딴 식으로 하니까 우리가 이렇게 힘든 거 아냐! ×××야!" 쌍욕의 십자포화를 얻어맞았다. 사람들의 눈이 전부 내 얼굴을 향하고 있다는 게 느껴졌다. 얼이 빠진 나는 평소 친절하고 온화한 그의 얼굴에서 저런 욕이 나온다는 걸 믿을 수가 없었다. 사업정보를 자기에게 먼저 알려주지 않았다고 화를 내는 그의 모습을 보면서 사람의 기분이 얼마나 쉽게 변하는지를 알 수 있었다. 기분! 참 무섭다.

　　우리 주변에는 기분이 나쁜 사람들이 너무 많다. 그리고 기분이 쉽게 나빠지는 사람들도 많다. 젊은 세대들은 서로의 감정을 이해하고 기분을 공유하기가 어렵다며 답답함을 토로한다. 반면 중년과 노년세대는 정치적 갈등과 경제적 어려움 속에서 오는 분노와 불안함, 우울함 등을 깊이 느끼고 있다. 그래서 모욕을 받았다고 느끼거나 자존심이 상했다고 생각되면 갑자기 화를 내면서 폭발한다. 짜증과 분노를 습관적으로 드러내기도 한다. 특별한 이유가 없는 데도 상대방을 미워하고 다른 사람들에게 험담을 하기도 한다. 또한 사소한 일에 상처를 받았다며 따뜻했던 태도가 돌변해 차갑고 냉소적으로 바뀌는 사람들도 많다. 평소에 친하게 지내다가도 무언가에 마음이 토라지면 연락을 안 받고 서운함을 드러내기도 한다. 인자하고 호탕하던 모습과는 정반대의 모습을 보면서 사람 관계가 정말 어렵다는 것을 깨닫게 된다. 특히 운전을 하거나 경쟁을 벌여야만 하는 특별한 상황에서 기분이 예민해져 상대방에게 불쾌감을 안겨주는 사람들도 많다. 이렇게 우리 주변에는 기분이 나쁜 사람들 그리고 기분이 쉽게 나빠지는 사람들이 많다. 이런 사람들에게는 다음과 같은 몇 가지 공통점이 있다.

〈기분 나쁜 사람들의 공통점〉

① 사소한 것에도 상처를 받고 모욕감을 자주 느낀다.

② 부정적이고 암울한 생각을 많이 한다.

③ 자신만의 기분전환활동이 무척 제한적이다.

④ 좋은 기분을 자주, 깊이 느끼지 못한다.

⑤ 다른 사람의 기분에는 신경 쓰지 않는다.

기분이 나쁘고 기분이 쉽게 나빠지는 사람들은 기분 나쁜 생각을 많이 하고 좋은 기분을 느끼지 못하는 경향이 있다. 부정적이고 암울한 생각을 많이 하다 보니 작은 걱정거리라도 생기면 당장 어떻게 될 것처럼 발을 동동 구른다. 그리고 비위가 상하면 누군가가 자신을 공격하거나 무시했다고 생각하고 모멸감을 느낀다. 무엇보다도 자신만의 기분전환활동이 거의 없다. 그런 활동을 통해 좋은 기분을 느끼면 나쁜 기분에서 조금씩 벗어날 수 있는데 그런 활동이 아예 없거나 부족하다 보니 좋은 기분을 느끼지 못하고 나쁜 기분에 더 깊이 빠져든다. 또한 그런 사람들은 다른 사람의 기분에는 전혀 신경을 쓰지 않는다. 다른 사람의 기분이 상하든 말든, 상처를 받든 말든 오직 자신의 기분에만 집중하고 그에 따라 행동한다.

우리는 기분이 좋아지면 마음이 넓어져 타인을 이해하고 배려한다. 친절을 베풀고 양보도 한다. 여기서 기분이 더 좋아지면 사랑을 나누고 자신을 희생하기도 한다. 반면 기분이 나빠지면 마음이 좁아져 언제 그랬나는 듯이 화를 내고 삐치고 다른 사람에게 상처를 준다. 때론 폭력적인 행동을 보이기도 한다. 기분이 좋아지면 착해지고 기분이 나빠지면 이기적인 모습을 보이는 게 우리다. 이런 양자적인 태도는 지극히 정상적이다. 문제는 기분이 나쁜 상태로만 지내거나 기분이 너무 쉽게 나빠지는 데 있다. 이런 사람들이 많을수록 직장도 학교도 가정도 늘 불안하다. 진심 어린 대화도 불가능하고 서로의 기분을 살피면서 긍정에너지를 나눌 수도 없다. 자신이 행복하지 않은 것도 문제지만 타인의 행복을 빼앗는 게 더 큰 문제다.

<기분이 좋아지는 마법의 한 마디>

우리는 불행하기 위해 살지 않아요.

행복하겠다고

마음먹고 기분으로 느껴요.

기분, 참 어렵고 힘들다

우리 회사에서는 한 달에 한 번씩 '테라스 토크'라는 직원 워크숍을 한다. 직원들이 자신의 지식이나 경험, 혹은 전하고 싶은 메시지를 공유하는 행사인데 생각과 통찰을 키우고 업무에 대한 전문성을 높이기 위해 마련됐다. 배드민턴을 좋아하는 직원은 배드민턴이 왜 좋을지를 설명한 후 자세를 가르쳐주면서 강습을 시켰고, 경영에 관심이 많은 직원은 올해 유행할 것으로 예상되는 분야별 트렌드를 보고서로 작성해 발표했다. 음악을 좋아하는 직원은 BTS의 성공을 다각도로 분석해 공유하기도 했다.

내 순서가 돌아왔다. 기분과 감정에 관심이 많은 나는 '행복과 성공을 위한 마음 성장법'이란 제목의 보고서를 발표했다. 몇 달 전에 읽은 멘탈 관리법에서 영감을 받아 준비했는데 어떻게 하면 행복을 지키면서 마음을 성장시켜 성공의 길로 나갈 것인가가 주요한 내용이다. 자신의 장점을 찾고 단점은 인정하면서 변화에 대한 수용성을 높여야 한다는 게 골자였다. 발표를 마친 나는 직원들에게 요즘 기분이 어떤지를 편하게 이야기해보자고 제안했다. 기분이 어떤지를 알아야 그 속에서 행복에 대한 생각을 나눌 수 있고, 회사에서 행복을 키울 수 있는 소소한 방법도 찾을 수 있을 것 같았다.

직원들도 흔쾌히 동의했다. 그리고 요즘 자신의 기분이 어떤지를 돌아가면서 털어놓았다. 그런데 기분이 좋다고 말하는 직원이 하나도 없었다. 답답함과 짜증, 울분, 걱정 등이 자신이 느끼는 요즘의 기분이라고 하나같이 말했다. 말하는 표정은 어두웠고 목소리도 침울했다. 그래도 한두 명은 기분이 좋다고 할 줄 알았는데 예상이 완전히 빗나갔다. 평소 직원들의 기분이나 감정 상태를 잘 파악하고 있다고 생각했는데 그게 아니었다. 이제 남은 사람은 한 명. 계약직으로 들어와 입사한 지 채 한 달이 안 된 직원이 잔뜩 긴장한 표정으로 자신의 얼굴로 집중된 시선을 부끄러워하며 말문을 열었다.

직원은 "저는 요즘 기분이 괜찮은 것 같아요."라고 말을 꺼냈다. 기분이 좋지 않다는 직원들 속에서 기분이 괜찮다는 이야기를 들으니 반가웠다. 그리고 덩달아 내 기분도 좋아졌다. 기분이 왜 좋은지를 들을 수 있을 거라고 생각하는 순간, 직원이 갑자기 울음을 터뜨리는 것이었다. 예상치 못한 돌발상황이었다. 모두가 당황해하며 눈물을 흘리는 직원을 걱정스럽게 바라봤다. 기분을 편하게 나누자고 말을 꺼낸 나도 당혹스럽긴 마찬가지였다. 빨리 이 상황을 정리해야 할 것 같아 눈물을 닦고 있는 직원에게 계속 진행할 수 있겠냐고 물었다. 직원은 고개를 천천히 가로저었다. 하는 수 없이 서둘러 테라스 토크를 마쳤다.

테라스 토크를 진행하면서 나는 기분이 삶을 힘들게 하는 감정일 수 있다는 것을 새삼 느꼈다. 자신의 기분을 솔직하게 이야기하는 것조차 어려울 정도로 좋은 기분이든 나쁜 기분이든 기분 자체가 삶을 고달프게 한다고 생각했다. 좋은 기분을 느끼는 순간 언제 기분 나쁜 일이 벌어져 기분이 나빠질지 모르니 좋은 기분은 낯설고 불편하며 심지어 두렵기까지 하다. 나쁜 기분은 마음을 괴롭게 하니 자꾸 피하고만 싶다. 그래서 우리는 좋은 기분이든 나쁜 기분이든 기분을 외면하고 억누르려 한다. 많은 사람들이 기분 때문에 삶을 힘들어하고 고통스러워하는 이유다. 기분을 느끼지 않는 게 더 편하고, 감정이 흔들리지 않아 마음이 덜 괴롭다고 말한다. 또 우리는 타인의 기분 때문에 사는 게 어렵기도 하다. 가족이나 연인, 동료의 기분을 헤아려 기분을 맞추고 기분에 호응해야 하기에 기분이 짜증스럽다.

특히 사람에게서 상처를 자주 받고 낮은 자존감으로 마음의 벽을 쌓아두고 사는 사람들에게서 이런 모습을 흔하게 볼 수 있다. 그리고 세상과 교류하지 않고 단절된 채 삶을 살아가는 사람들도 마찬가지다. 좋은 기분을 느끼면서 행복을 경험하기 어려운 환경일수록 기분은 삶을 피곤하게 하고 영혼을 갉아먹는 감정이다. 그리고 우리는 좋은 기분을 표현하는 것을 부끄럽게 여긴다. 좋은 기분을 표현해야 감정을 공유하면서 서로의 기분이 상승할 텐데 이걸 창피해한다. 기분을 느끼는 대로 받아들이지 않고 생각에 따라 왜곡하는 게 문제다. 이제는 기분에 솔직해져야 한다. 좋은 기분이 느껴지면 마음껏 행복해하고, 나쁜 기분이 느껴져도 숨거나 도망가지 말아야 한다. 기분, 참 어렵고 힘들다. 기분 때문에 삶이 힘들다면 기분에 솔직해져야 한다. 당당해져야 한다.

기분 나쁜 생각은 대부분 가짜다

지난해 12월의 마지막 주에 코로나19에 감염돼 미세한 열과 인후통으로 고생을 했다. 통증이 아주 심하진 않았지만 감기와는 조금 다른 증상으로 코로나19의 위세를 실감할 수 있었다. 일단 근육통이 심했다. 마치 팔과 다리에 무거운 돌덩이를 매단 것처럼 몸이 무거웠고 쑤셨다. 특히 힘들었던 건 자가격리에서 오는 불안함과 답답함 그리고 걱정이었다. 혼자 살다 보니 증세가 심해져 누군가의 도움을 받아야 하면 어쩌나 하는 불안감이 목덜미를 강하게 조여왔다. 그리고 하루 종일 집 안에만 있으려니 좀이 쑤셨다. 나가서 공기도 마시고 산책을 하면 훨씬 빨리 몸 상태가 좋아질 것 같았으나 귀찮고 부담스러웠다. 그리고 가장 힘들었던 건 코로나19에 걸리면서 사무실의 업무에 차질을 빚지 않을까 하는 걱정이었다.

공공기관의 12월은 어느 회사나 마찬가지로 정신없이 바쁘다. 새해가 오기 전에 올해 펼쳤던 사업과 예산을 정리해야 하고, 그와 동시에 내년도 사업계획을 수립해야 한다. 또한 미처 마무리 짓지 못했던 사업은 최대한 신속하게 매듭을 지어 결과보고서로 남겨야 한다. 한 가지 더, 공공기관은 연말에 이사회를 개최해 내년도 사업과 예산을 확정해야 하기에 모든 직원이 손 놀릴 틈 없이 분주하다. 이렇게 바쁠 때 선임팀장인 내가 코로나19에 걸린 것이다. 속으로는 일주일간 푹 쉴 수 있겠다며 좋아했지만 자가격리 이틀째가 되자 슬슬 걱정이 되기 시작했다. 직원들이 업무를 꼼꼼하게 처리하고 있는지, 내년도 사업계획은 잘 짜고 있는지, 이사회 준비는 잘되고 있는지 등이 걱정됐다.

몸 상태가 정상이 아니고 기분이 처져 있다 보니 기분 나쁜 생각만 떠오르는 것이었다. 직원들이 업무를 놓치면 어떻게 하지? 내년도 사업계획이 부실하면 어쩌지? 이사회 준비가 잘못되면 큰일인데. 이런 기분 나쁜 생각이 종일 머릿속에서 떠나질 않았다. TV를 봐도 밥을 먹어도 거울을 볼 때도 이런 생각들이 떠올라 마음이 고통스러웠다. 생각을 그만해야겠다고 생각하는 순간에도 기분 나쁜 생각들이 머릿속에서 종횡무진했다. 명상을 하고 음악을 들어도 잠시뿐이었다. 그렇게 자가격리를 끝내고 출근해보니 직원들은 해야 할 일을 정확하게 처리했고 잘하고 있었다. 모든 일들은 순조롭게 진행되고 있었다. 하지 않아도 되는 괜한 걱정에 몸과 마음을 얼마나 괴롭혔는지 나 자신이 한심했다.

한 번은 이런 일도 있었다. 출근을 하기 위해 아침에 일찍 일어나 와이셔츠를 다렸다. 와이셔츠를 다려서 옷을 입고 출근길에 나섰는데 다리미의 전원코드를 뺐는지가 기억이 나질 않는 것이었다. 전원코드를 뺀 것 같기도 하고 그냥 꽂아둔 채로 나온 것 같기도 했다. 서둘러 나오는 바람에 기억이 가물가물했다. 집으로 돌아가 확인을 하기에는 이미 늦은 시간, 할 수 없이 그냥 출근을 했다. 출근하는 와중에도 다리미가 계속 켜져 있으면 어쩌나 하고 걱정이 밀려왔다. 그러면서 과열로 불이 나 옷방을 태우고 거실과 안방으로 불이 옮겨 붙어 집이 불길에 휩싸이는 영화 같은 상상이 떠올랐다. 소방차가 출동하고 사람들이 안절부절못하는 모습이 실감 나게 그려졌다. 사무실에서 일을 하면서도 불안한 마음에 집중할 수가 없었다. 다행히 점심시간까지도 경비실에서 연락이 없자 안도감과 약간의 불안감을 느끼며 퇴근해 집에 갔더니 다리미 전원코드가 잘 빠져 있었다. 그리고 집에도 아무런 일이 벌어지지 않았다. 소설 같은 기분 나쁜 생각 때문에 하루가 얼마나 힘들었는지? 다리가 풀려버렸다.

이처럼 기분을 나쁘게 하는 생각은 대부분 가짜다. 거짓이고 허구다. 기분을 나쁘게 하는 생각, 걱정과 두려움을 유발하는 생각은 대부분 실제로는 일어나지 않는다. 상상 속에서만 벌어지는 일이다. 우리는 이런 기분 나쁜 생각을 사실로 믿고 걱정과 두려움 속에서 고통스러운 시간을 보낸다. 불쾌한 생각 때문에 새로운 순간을 온전히 즐기지 못하고 기분 좋은 감정도 만끽하지 못한다. 엄청난 삶의 낭비다. 실제로 벌어지지 않을 일에 과도하게 신경을 쓰니 몸과 마음에 진이 빠져 기분만 더 나빠진다. 기분 나쁜 생각은 두려움과 의심에 휩싸인 생각이다. 반면 기분 좋은 생각은 영감과 열정, 행복에 휩싸인 생각이다. 두려움과 의심에 기반한 생각은 가장 나약한 존재 상태에서 생기는 생각이다. 그 생각들은 우리를 불행으로 이끌고 그 기분대로 행동할 때 인생은 벼랑 끝을 향하게 된다. 반면 영감과 열정, 행복한 생각은 가장 빛나고 아름다운 존재 상태에서 생기는 생각이다. 그 생각들은 우리를 기쁨에 넘치도록 이끌고 그 기분대로 행동할 때 인생이 순탄하게 흘러간다.

〈기분이 좋아지는 마법의 한 마디〉

기분이 가장 좋을 때

소망을 이룰 수 있는

최고의 순간이에요.

기분 좋은 상태가 '정상'이다

　나는 성격상 나쁜 기분을 오래 품지 못한다. 나쁜 기분의 원인을 알아
내 그걸 풀어내고 기분을 좋게 해야 마음이 놓인다. 그게 사람에 대한 문
제이든 생각이나 감정에 대한 문제이든 어떻게 해서라도 최대한 빨리 해
결하려고 노력한다. 특히 직장에서 받았던 스트레스로 인해 기분 나쁜
생각이 들거나 미래가 걱정될 때 나쁜 기분을 빨리 알아차리고 그 생각
을 멈춘다. 그런데 기분을 가장 나쁘게 하는 감정 때문에 마음이 힘들 때
가 있다. 분노, 증오와 같은 사람들과의 관계 속에서 생기는 감정이다.
가족에게 받았던 상처나 친구 혹은 직장동료와의 관계에서 생긴 응어리

가 정화되지 못한 채 마음에 남아 있다가 특별한 상황에서 갑자기 떠올라 기분을 최악으로 내몬다. 참을 수 없을 정도로 화가 나기도 하고 시한폭탄처럼 폭발 일보직전까지 가기도 한다.

내가 나쁜 기분을 최대한 빨리 해소하려는 이유는 그 상태가 낯설고 어색하기 때문이다. 우리는 기분이 나빠지면 왠지 불편하다. 마음이 찜 찜하고 부자연스럽다. 그래서 빨리 그 상태를 벗어나고 싶어 한다. 술을 마시고 노래를 부르는 이유도, 요즘 사회적으로 큰 문제가 되고 있는 마약도 이 때문이다. 그만큼 많은 사람들이 기분이 나쁜 상태에서 괴롭게 살고 있다. 반면 기분이 좋은 상태는 편하다. 아주 오래된 듯 익숙하고 친근하다. 그리고 그 상태가 계속 지속되길 바란다. 우리에게는 좋은 기분이 절대적으로 자연스럽다.

이것은 마치 몸이 아플 때 그 상태에서 벗어나기 위해 본능적으로 노력하는 것과 비슷하다. 우리는 몸이 아플 때 약을 먹거나 병원에 가서 주사를 맞으면서 몸을 정상화시키기 위해 애를 쓴다. 열이 나면 열을 내리고 통증이 생기면 통증을 없애기 위해 할 수 있는 일들을 한다. 이것은 몸이 아픈 것이 정상이 아니기 때문이다. 우리 몸은 건강한 것이 정상이다. 마음도 마찬가지다. 마음이 힘들 때 그 상태에서 벗어나기 위해 친구를 만나거나 여행을 가거나 힘든 마음을 치유하기 위한 활동을 하는 것도 다 그런 이유에서다. 마음이 괴롭고 아픈 것이 정상이 아니다. 마음이 편안하고 즐거운 것이 정상이다.

마찬가지로 우리에게는 기분 좋은 상태가 정상이다. 기분 나쁜 상태는 정상이 아니다. 정상이 아니기 때문에 불편하고 어색한 것이다. 자연스러운 게 정상이고 그럴 때 몸과 마음도 건강해진다. 어쩌면 우리의 몸과 마음은 기분 좋게 살도록 최적화되어 있는지도 모른다. 몸이 가지고 있는 본연의 면역력과 치유력, 마음이 가지고 있는 엄청난 회복력이 다 그런 이유에서 생겨난 것은 아닐까? 그런 측면에서 보면 우리는 기분 나쁘게 살기 위해 태어난 존재가 아니다. 우리는 기분 좋게 살기 위해 태어난 존재다. 기분 좋은 감정을 느끼고 그 감정을 나누기 위해 태어난 존재다. 우리가 만약 기분 나쁘게 살기 위해 태어났으면 지구는 벌써 멸망했을 것이다. 전쟁과 폭력으로 지구는 이미 사라졌을 것이다.

기분 좋은 행동을 하면 마음이 뿌듯하지만 기분 나쁜 행동을 하면 마음이 꺼림칙한 것이 이를 증명한다. 이렇게 우리가 태어난 목적대로 살기 위해서는 기분 나쁜 것을 당연하게 받아들이지 말아야 한다. 나쁜 기분에 체념하고 익숙해지면 안 된다. 그것은 기분을 바꾸라는 신호일 뿐이다. 기분을 바꾸기 위해 무엇을 해야 할지는 몸과 마음이 제일 잘 안다. 몸과 마음이 원하는 대로 따라가다 보면 기분이 좋아지는 길을 발견할 수 있다. 한 가지 주의할 것은 기분을 순간적이고 일시적으로 좋게 하는 것은 큰 고통만 따른다는 것이다. 요즘 쾌락중독, 쾌락과잉이라는 말이 나올 정도로 인위적이고 자극적으로 기분을 좋게 하는 것들이 넘쳐난다. 이 유혹에서 깊이 빠지면 좋은 기분은 더 빨리 사라지고 허전함만 남는다. 결국, 좋은 기분을 느끼기가 더 어려워진다. 우리에게는 좋은 기분을 느낄 수 있는 능력이 있다. 몸과 마음이 가는 대로, 본능에 맡기되 소소한 기분 좋은 감정을 자주 느끼면 된다.

우리는 기분 좋게 살기 위해 태어났다. 그런 삶을 누리기 위해 이 땅에 왔다. 우리가 추구해야 할 인생의 가치는 기분 좋은 삶이다. 좀 더 좋은 기분을 느끼고, 행복과 기쁨이 충만한 삶이 우리가 살아야 할 삶이다. 그러기 위해서 필요한 것은 아무것도 없다. 좋은 기분을 느끼겠다는 마음과 나쁜 기분을 내려놓겠다는 마음만 있으면 된다. 좋은 기분만 있으면 된다. 우리는 기분 나쁘게 살기 위해 태어나지 않았다.

〈기분이 좋아지는 마법의 한 마디〉

우리는 기분 좋게 살기 위해 태어났어요.

그래서 기분이 좋을 때가 익숙하고 자연스러워요.

자연스러울 때가 가장 편안해요.

기분이 나쁜 데는 다 이유가 있다

〈나 혼자 산다〉라는 TV 프로그램을 가끔 본다. 나와는 다른 삶을 살 것 같은 연예인들의 솔직한 이야기가 재미있다. 화려할 것 같은 연예인들의 삶 특히 개성도 취향도 특별할 것 같은 그들의 생활 모습이 이채로우면서도 많은 공감을 불러일으킨다. 그중에서도 눈길을 사로잡는 장면이 있는데 출연자들이 아침잠에서 막 깨어났을 때의 모습이다. 출연자들은 대부분 잠에서 깨어나면 침대에 누워 아무것도 하지 않고 몇 분간을 보낸다. 그렇게 시간을 보낸 후 스마트폰을 보거나 거실에 나가 아침 식사를 준비한다. 프로그램에 나오는 거의 모든 출연자들이 이와 비슷하다. 운동선수들도 마찬가지다. 운동선수들도 아침에 눈을 뜨면 자리에서 꼼짝 않고 있다가 몸을 일으킨다. 나도 아침에 일어나면 아무것도 하지 않고 3분 가량을 누워 있다가 일어난다. 아무것도 하지 않고 그냥 누워 있는 시간, 그런데 이 시간이 무척 중요하다.

그 시간은 바로 기분을 살피는 시간이다. 아직 잠에서 완전히 깨어나지 않은 순간, 의식이 몽롱한 상태에서 기분이 어떤지를 파악하는 것이다. 잠을 푹 자서 몸이 개운하고 마음도 가볍다면 기분이 좋다. 기분이 좋으면 향긋한 이불 냄새가 더욱 진하게 느껴진다. 좋은 기분이 몸의 감각을 깨우는 걸까? 반면 잠을 설쳐 몸 상태가 불안정하거나 오늘 처리해야 할 일이나 보기 싫은 동료가 떠올라 마음이 심란하면 기분이 나빠진다. 머리는 복잡해지고 생각은 많아진다. 순간 스트레스가 치솟아 이마가 찌푸려지기도 한다. 남아 있던 몸의 생기도 빠져나가는 느낌이다.

이처럼 침대에 누워 아무것도 하지 않는 시간은 지금 이 순간의 기분이 어떤지를 알아차리는 시간이다. 기분이 몸과 마음의 상태를 정확하게 보여준다는 걸 우리는 본능적으로 알고 있다. 그래서 아침에 잠에서 깨자마자 기분을 통해 몸과 마음의 상태를 확인하는 것이다.

기분은 몸과 마음의 상태를 정확하게 비추는 거울이다. 감기 증세나 염증 질환으로 열이 나고 콧물이 흐르고 근육통 등의 통증이 있으면 기분이 나빠진다. 위장질환이 됐든 호르몬이나 근육계통에 이상이 생기든 어떤 질병에도 기분은 몸 상태 그대로 반응한다. 특히 미세한 질환에도 기분은 민감하다. 소화불량이나 편두통, 미열 등의 가벼운 증상에도 기분은 처진다. 또한 기운이 없어 입맛이 없거나 의욕이 떨어져도 기분은 가라앉는다. 기분이 나빠지면 체력도 평상시보다 일찍 고갈된다. 패배에 몰려 기분이 나빠진 운동선수들이 체력이 떨어져 경기를 뛰지 못하는 모습을 자주 볼 수 있다. 갑자기 기분이 나빠졌다면 제일 먼저 몸 상태를 확인해야 한다.

또한 기분은 마음의 상태도 정확하게 보여준다. 좋지 않은 일이 생겨 마음이 힘들거나 괴로우면 기분이 급격하게 나빠진다. 또한 마음이 어수선하거나 불안하고 초조해도 기분은 좋지 않다. 마음이 불편해도 마찬가지다. 사람 사이의 관계에서나 특정한 상황 속에서 마음이 거북하고 갑갑하면 기분도 금세 가라앉는다. 만약 마음을 가눌 수 없을 정도도 모욕감과 자괴감, 절망을 느끼고 있다면 기분은 최악으로 내몰린다. 어떤 경우에든 마음이 안 좋다면 기분은 그 마음을 그대로 나타낸다. 특히 마음이 찜찜하거나 두 가지 이상의 감정으로 마음이 꺼림칙할 때도 기분은 마음의 상태를 날카롭게 꽤 뚫어보고 있다. 몸과 마찬가지로 기분이 급작스레 나빠졌다면 마음이 어떤지를 확인해야 한다. 결국 마음도 기분에 의해 좌우된다. 마음이 힘들거나 괴로우면 가장 먼저 기분을 좋게 해야 하는 이유다.

이처럼 기분은 우리 몸과 마음의 상태를 컴퓨터처럼 똑똑하게 알고 있다. 그리고 있는 그대로 매 순간 드러내고 있다. 그래서 기분이 좋지 않다면 몸이 아프거나 마음이 편치 않다는 뜻이다. 또한 기분은 몸과 마음의 에너지를 통합적으로 보여준다. 그래서 기분이 좋다는 건 몸과 마음에 에너지가 꽉 차 있다는 뜻이고, 기분이 나쁘다는 건 에너지가 부족하다는 뜻이다. 몸과 마음의 상태를 한 번에 비추고 있는 기분을 자주 살펴야 한다. 몸과 마음이 다 괜찮은데 기분이 안 좋을 수도 있다. 그러면 기분 나쁜 일이 벌어졌거나 기분 나쁜 생각에 빠져 있는 것이다. 그게 아니라면 실제로 몸이 어딘가 안 좋을 수도 있고, 마음에 찜찜한 감정이 남아 있을 수도 있다. 기분이 나쁜 데는 다 이유가 있다.

〈기분이 좋아지는 마법의 한 마디〉

기분이 나쁘다면 몸과 마음의 상태를 확인해요.

몸은 괜찮은지, 마음은 불편한 데가 없는지.

기분은 몸과 마음을 비추는 거울이에요.

당신의 기분을 삶의 나침반 삼아라

우리 삶에도 나침반이 있었으면 좋겠다는 생각을 자주 한다. 어떤 것을 선택하거나 결정해야 할 때 혹은 어떻게 살아야 할지 막막하고 답답할 때 올바른 방향을 안내하는 나침반 말이다. 우리 삶에는 나침반이 정말 필요하다. 특히 우리나라처럼 기회는 적은데 경쟁은 치열해 다른 선택지가 별로 없는 상황에서는 더욱 그렇다. 잘못된 선택을 해서 후회를 하거나 삶의 길을 찾지 못해 방황을 사람들에게 나침반은 아주 유용할 것이다.

그렇다면 우리에게는 정말 나침반이 있는 걸까? 있다면 그것은 무엇일까? 우리는 살면서 좋은 기분보다는 나쁜 기분을 더 많이 경험한다. 기분 좋은 일은 가끔 일어나지만 기분 나쁜 일은 자주 일어나기 때문이다. 그래서 나쁜 기분이 더 익숙하다. 그리고 우리는 좋지도 나쁘지도 않은 무감한 기분 속에서 많은 시간을 보낸다. 그런데 사실 우리는 좋은 기분을 얼마든지 느낄 수 있다. 보통 기분이 좋을 때는 기분 좋은 일이 생겼거나 기분 좋은 생각을 할 때 혹은 기분 좋은 감정이 샘솟을 때다. 이 중에서 기분에 가장 크게 영향을 미치는 것은 생각이다. 기분 좋은 생각을 하면 기분이 절로 좋아진다. 기분이 좋아지면 몸에 활력이 샘솟고 마음도 밝아진다. 몸과 마음에 에너지가 느껴진다. 여기서 기분 좋은 생각이란 원하는 생각이다. 오랫동안 간절하게 바랐던 생각일 수도 있고, 잠시 동안 무언가를 기대했던 생각일 수도 있다. 이처럼 원하는 생각을 하면 기분이 좋아진다.

그러나 원하지 않는 생각을 하면 기분이 나빠진다. 기분이 나빠지면 몸에 힘이 빠져 기운이 없고 마음에는 괴로움이 스민다. 그런데 우리가 하는 생각의 대부분이 바로 원하지 않는 생각이다. 절대로 일어나지 않았으면 하는 생각을 우리는 늘 생각한다. 걱정이라는 이름으로 벌어지지 않았으면 하는 생각을 하면서 지금 이 순간의 좋은 기분을 놓치고 산다.

그러면서 나쁜 기분을 당연한 듯 여긴다. 나는 존재 가치가 없다는 생각, 나는 사랑받을 자격이 없다는 생각, 입사 시험에서 떨어질 것 같은 생각, 코로나19가 끝나지 않을 것 같은 생각, 경기침체가 계속될 것 같은 생각, 은행 잔고가 줄어들 것 같은 생각, 회사가 구조조정으로 더 어려워질 것 같은 생각, 건강이 나빠질 것 같은 생각, 부모님이 아프실 것 같은 생각.

이런 생각들이 바로 원하지 않은 생각이다. 이런 생각을 할 때 기분은 나빠지고 기분이 나빠지면 기분 나쁜 생각들이 빵이 부풀어 오르듯 불어난다. 이 생각들은 생각을 바꾸거나 기분을 전환하지 않은 이상 끝을 모르고 계속 떠오른다. 평소에는 전혀 기분을 나쁘게 하지 않았던 생각까지 떠올라 기분을 나락으로 떨어뜨린다. 원하지 않는 생각과 나쁜 기분의 악순환이다. 이처럼 원하지 않는 생각을 할 때 마음은 나쁜 기분을 느끼게 함으로써 생각을 바꾸라고 알려준다. 나쁜 기분을 통해 생각을 변화시켜 원하는 생각을 하라고 안내하는 것이다. 나쁜 기분이 느껴짐에도 불구하고 그 생각을 지속할 때 삶이 원하지 않는 방향으로 흘러간다는 것을 기분은 경고하고 있다. 반면 원하는 생각을 할 때 마음은 좋은 기분을 느끼게 함으로써 그 생각을 계속 유지하라고 알려준다. 그 생각을 통해 좋은 기분을 계속 느낄 때 삶이 그 생각대로 펼쳐진다는 것을 기분은 말하고 있다.

결국 기분이 우리가 가야 할 길을 안내하는 나침반이다. 좋은 기분은 그 길로 계속 가라는 신호이고 나쁜 기분은 그 길로 가지 말라는 신호다. 마음은 언제나 기분이라는 신호를 통해 우리가 가야 할 길을 정확하게 보여주고 있다. 우리가 기분 나쁘게 살기 위해 태어나지 않은 것처럼 우리가 가야 할 길은 행복과 건강, 풍요이다. 그 길을 기분은 정확하게 안내하고 있다. 원하는 생각을 통해 행복과 건강, 풍요를 누리면서 자유롭게 살라고 마음은 매 순간 기분이라는 신호로 가리키고 있다. 마음은 우리가 가야 할 길을 정확하게 알고 있고, 우리를 꿰뚫어 보고 있다. 마음은 깜짝 놀랄 정도로 지혜롭고 현명하며 미래를 들여다보고 있다. 그래서 우리가 잘 가고 있는지를 사랑의 마음으로 지켜보고 있다.

이제 마음의 신호를 알아차리고 기분이 나쁠 때, 생각을 바꿔보자! 좋은 기분은 기분 좋은 생각을 계속하라는 마음의 신호이고, 나쁜 기분은 기분 나쁜 생각을 멈추라는 마음의 신호다. 기분의 흐름을 알아차리고 기분이 나빠질 때 어떤 생각을 하고 있는지 살펴야 한다. 이제 삶의 나침반을 켜보자! 기분을 안내자로 삼아 삶의 방향을 정해보자! 기분 좋은 생각을 하고 기분 좋은 행동을 하고 기분 좋은 선택을 할 때 우리 삶은 어떻게 바뀔까? 마음은 이미 알고 있다.

〈기분이 좋아지는 마법의 한 마디〉

기분은 행복과 건강, 풍요를 누리면서 가장 나다운

삶을 살 수 있도록 이끄는 나침반이에요.

기분 좋은 생각을 하고 기분 좋은 행동을 하고 기분 좋은 선택을 해요.

천국과 지옥, 기분 한끗 차이!

대학생 시절, 컴퓨터공학을 전공한 나는 적성에 맞지 않는 학과 공부 때문에 몸과 마음이 힘들었다. 컴퓨터는 나에게 재미없고 무료하기만 했다. 강의실만 들어가면 숨이 턱턱 막혔고 컴퓨터 실습실을 바라보면 현기증이 났다. 이런 게 지옥 같은 기분일까? 반면 동아리 활동은 달랐다. 착하고 따뜻했던 선배들은 배가 고프다고 하면 밥을 사줬고, 마음이 괴롭다고 하면 술을 사줬다. 난생처음으로 선배들로부터 통기타를 배울 수 있었고, 여름방학에 떠난 농촌봉사활동은 축제 같은 시간이었다. 동아리 활동은 나에게 이전에는 느껴보지 못했던 즐거움과 행복을 안겨주었다.

그리고 정기적으로 보육원을 방문해 펼쳤던 봉사활동은 마음 깊은 곳을 자극해 숭고한 감정을 느끼게 했다. 나에게 동아리 활동은 천국 같은 기분을 느끼게 했다.

나의 경험처럼 우리가 천국과 지옥이라고 느끼는 것도 사실은 기분 때문이다. 기분이 아주 좋으면 천국처럼 느껴지고, 기분이 무척 나쁘면 지옥처럼 느껴진다. 그런데 기분을 결정하는 것은 생각과 감정이다. 외부의 상황에 따라서 기분이 좌우되기도 하지만 실제로는 어떤 생각을 하고 어떤 감정을 느끼느냐에 따라 기분이 결정된다. 기분 좋은 생각을 하거나 기분 좋은 감정을 느끼면 기분이 좋아진다. 반면 기분 나쁜 생각을 하거나 기분 나쁜 감정을 느끼면 기분은 나빠진다. 기분 좋은 일의 여부에 따라 기분이 좋아지고 나빠지는 것처럼 보이지만 일에 대한 생각과 감정이 그렇게 만들 뿐이다. 기분은 생각과 감정에 따라 달라진다.

생각을 조금만 바꿔도 기분은 좋아진다. 좋지 않은 일이 생겨 기분이 상했을 때 기분이 좋아지도록 생각을 바꾸면 기분이 나아진다. 현재보다 기분이 좋아지도록 생각을 전환하는 것이다. 초점은 생각이 아니라 기분이다. 기분의 변화를 이끄는 생각이다. 가령 해외여행을 갔는데 소매치기를 당했다고 해보자. 그 경우 기분이 무척 나쁜 상태에서 현재의 기분보다 조금이라도 좋아지도록 생각을 바꾸는 것이다. '몸이 다치지 않은 것만 해도 다행이야!', '큰돈을 잃어버리지 않았으니 괜찮아!' 이렇게 기분이 좋아지는 생각을 하다 보면 기분이 좋아지고 마음에 안도감이 든다. 우리는 생각이 기분에 큰 영향을 미친다는 것을 알면서도 생각을 바꾸기 위해 노력하지 않는다. 귀찮아서 때론 쓸모가 없다고 생각해서 생각을 변화시키지 않는다.

생각을 조금만 변화시켜도 천국이 되고 지옥이 되는 게 우리 삶이다. 똑같은 상황에서 어떻게 생각하느냐로 결정되는 것이 인생이다. 생각의 차이가 기분의 변화를 이끌고 기분의 변화가 인생의 차이를 만든다. 생각으로 기분을 바꿀 수 있다는 것은 우리에게 엄청난 축복인 동시에 기회이다. 우리는 아무리 기분 나쁜 일이 닥쳐도 기분이 좋아지는 생각을 할 수 있다. 사랑하는 가족과의 이별과 실직, 이혼, 파산 등 그 어떤 아픔과 고통 속에서도 기분을 조금이라도, 아주 조금이라도 나아지게 하는 생각을 할 수 있다. 이렇게 기분이 바뀌면 세상이 달라 보인다. 차갑고 냉정하게 보였던 세상이 따뜻해 보이고, 고통만 안겨주던 세상이 아름답게 보인다. 세상이 달리 보이자 우리를 응원하고 지지하는 손길이 나타난다. 그래서 우리에게는 좋은 기분을 위해 생각을 바꾸려는 노력이 필요하다. 특히 삶에 위기가 닥쳤거나 변화가 필요할 때 심장을 뛰게 하고, 열정을 불러일으키고, 설렘과 흥분을 샘솟게 하고, 살아 있다고 느끼게 하는 생각들이 절실하다. 기분을 자주 살펴 기분이 나빠질 때, 나쁜 기분의 원인이 되는 생각을 변화시켜야 한다.

〈좋은 기분을 위한 생각전환법〉

1. 기분을 좋게 하는 생각하기
   - 지금의 기분 알아차리기
   - 기분을 조금이라도 좋게 하는 생각하기
   - 기분을 가장 좋게 하는 생각하기

2. 기분 나쁜 생각이 떠오르면 잠깐 멈추기
   - 기분 나쁜 생각이 떠오르면 나쁜 기분 알아차리기
   - 기분 나쁜 생각을 멈추기
   - 눈을 감고 심호흡을 하면서 생각의 공백 느끼기
   - 생각을 전환해 다른 기분 좋은 생각하기

3. 틈틈이 기분을 살피기
   - 기분의 흐름을 살피기

- 기분이 나빠질 때를 빨리 알아차리기
- 1번과 2번을 반복하기

감정도 기분에 큰 영향을 미친다. 기분 좋은 감정은 기분을 좋게 하지만 기분 나쁜 감정은 기분을 상하게 한다. 특히 감정은 기분의 깊이에 큰 영향을 미친다. 감정은 기분을 편안하게 하고 좋게도 하고 가장 좋게도 하지만 반대로 나쁘게 제일 나쁘게 하기도 한다. 그만큼 다양한 감정들이 기분의 농도를 좌우한다. 그래서 어떤 감정을 느끼느냐에 따라 좋은 기분과 나쁜 기분의 깊이가 결정된다. 고요함과 편안함을 느낄 때의 기분, 즐거움과 행복을 느낄 때의 기분, 기쁨과 황홀함을 느낄 때의 기분이 다르다. 반대로 실망과 좌절을 느낄 때의 기분, 분노와 화를 느낄 때의 기분, 모멸감과 절망, 무기력함을 느낄 때의 기분도 다르다. 기쁨과 황홀함을 느낄 때 기분이 가장 좋고, 모멸감과 절망, 무기력함을 느낄 때 기분이 가장 나쁘다. 우리가 좋은 기분을 느끼며 행복하기 살기 위해서는 기분 좋은 감정들을 최대한 자주, 깊이 느껴야 한다. 우리가 느끼는 기분 좋은 감정이 편안함에 머문다면 행복의 깊이는 얕을 수밖에 없다. 언제든 흔들릴 수 있는 행복이다. 기쁨과 황홀함을 느낄 때의 행복은 이루 말할 수가 없어서 그때 느끼는 행복은 세상을 있는 그대로 감사하게 여기는 행복이다. 천국 같은 행복이다.

이처럼 기분 좋은 감정을 자주, 깊이 느끼기 위해서는 감각을 깨워야한다. 시각과 청각, 후각, 미각, 촉각 등 5가지 감각을 열어야 감정을 더욱 섬세하게 느낄 수 있다. 감정은 감각을 통해서 느낄 수 있는데 감각이무디면 감정도 무뎌진다. 감각이 예민해야 감정이 살아나고 기분 좋은감정을 느끼는 촉수도 살아난다. 감성도 결국 감정을 민감하게 느끼는능력이다. 기분 좋은 감정을 느껴야 기분이 좋아져 기분 좋은 생각을 하게 되고, 기분 좋은 생각을 해야 기분이 좋아져 기분 좋은 감정이 샘솟는다. 감정과 생각, 생각과 감정을 교류시키는 것도 기분이다.

〈좋은 기분을 위한 감정조절법〉

1. 감각 깨우기

– 5가지 감각을 자주 경험하기

– 5가지 감각을 최대한 깊이 음미하기

– 낯선 감각에 도전하기

2. 기분 좋은 감정을 최대한 깊이 느끼기

– 고요함부터 황홀함까지 다양한 감정 느껴보기

- 어떤 감정이 기분을 가장 좋게 하는지 알아차리기

- 가장 기분 좋은 감정을 느낄 때 기분 알아차리기

3. 기쁨과 황홀함의 감정과 친숙해지기

- 하루에 한 번씩 기쁨과 황홀함을 느껴보기

- 그 순간의 기분을 표현하기

결국, 천국과 지옥도 기분에 따라 갈린다. 기분은 생각과 감정에 영향을 받으니, 생각과 감정에 따라 천국이 되고 지옥이 되는 게 우리 삶이다.

지금 느끼는 기분대로 인생이 흘러간다

　매주 토요일 오전에는 부모님을 뵙기 위해 고향집에 간다. 부모님이 사시는 고향집은 '향수'로 유명한 정지용 시인의 생가와 가깝다. 예전에는 농사짓고 소 키우는 소박한 농촌이었는데 정지용 문학관이 들어서고 근처에 육영수여사 생가와 한옥체험관 등이 지어지면서 지금은 방문객들이 몰려드는 유명 관광지가 됐다. 팔순이 넘으신 부모님은 약으로 사신다고 할 만큼 약을 많이 드신다. 고혈압약과 당뇨약, 신경안정제, 감기약, 소염진통제. 매일 드셔야 할 약이 수북하다. 토요일마다 부모님을 뵙는 이유도 부모님의 건강 상태를 확인하고 떨어진 약을 보충해드리기 위해서다. 그래서 토요일에는 아침부터 부모님을 모시고 병원과 한의원, 마트 등을 방문해야 하기에 긴장이 된다. 예상치 못한 돌발상황이 발생해 일정이 어긋나거나, 몸 상태가 순식간에 변하는 부모님의 건강 때문이다.

그래서 고향집으로 출발하기 전에는 기분을 끌어올려 몸과 마음에 에너지를 충전한다. 기분이 처져 에너지가 바닥나면 체력이 일찍 소진돼 몸이 힘들 뿐만 아니라 마음도 예민해진다. 그래서 기분을 좋게 하는 음악을 들으며 텐션을 끌어올린 후 고향집으로 향한다. 차에 올라 운전을 하는데 기분 나쁜 생각이 불쑥 올라온다. 부모님이 아프신 것은 아닌지, 방문해야 할 병원이 문을 닫은 것은 아닌지 등의 생각들이 머릿속을 맴돈다. 그럴 때마다 몸과 마음에 각인시켰던 좋은 기분을 다시 느끼면서 기분 좋은 상태를 유지한다. 그리고 오늘 일어났으면 하는 일이나 원하는 상황을 상상하면서 액셀을 밟는다.

그렇게 좋은 기분으로 고향집에 도착해 하루를 시작하면 신기하게도 모든 일들이 좋은 방향으로 펼쳐진다. 일어났으면 좋겠다고 생각했던 일들이 실제로 벌어진다. 기분 좋은 일들이 계속 생겨 오죽하면 누군가가 나를 도와주고 있는 것은 아닌가 하는 느낌이 들 정도다. 부모님이 드실 과일과 야채를 사기 위해 찾은 로컬푸드 매장에는 사려고 했던 물건들을 아주 저렴하게 판매하고, 기대하지 않았던 떡을 이벤트라며 챙겨준다. 주차공간이 부족해 늘 애를 태웠던 병원에서는 마침 주차할 공간이 생겨 손쉽게 부모님을 모실 수 있다. 병원에서 진행했던 몇 가지 검사의 결과들도 좋게 나오고 약국에서는 단골손님이라며 다른 날보다 더 친절하게 맞아준다. 부모님을 모시고 간 식당에서는 새로운 메뉴를 개발했다며 주문하지도 않은 음식을 서비스로 내준다. 신기하게도 일어났으면 하고 상상했던 일들이 대부분 현실이 된다.

부모님과 헤어진 후 집으로 돌아오는 길에 들른 유기농 매장에서는 내가 좋아하는 빵과 두부, 음료 등을 할인해서 판매한다. 특히 빵은 워낙인기가 좋아 저렴하게 구매하기가 쉽지 않은데 기분이 좋은 상태로 매장을 방문하면 빵을 싼 가격에 살 수 있다. 이처럼 좋은 기분을 느끼면 기분 좋은 일들이 가는 곳마다 발생한다. 좋은 기분의 영향력은 비단 부모님과 함께 하는 시간 속에서만 벌어지는 것이 아니다. 기분이 좋아지면회사일은 물론 나와 관련된 모든 일들이 좋은 방향으로 펼쳐진다. 회사에서 영화제를 진행하는데 사업비가 부족해 지역의 기업에 후원을 요청

했다. 기분이 좋은 상태에서 담당자에게 제안을 했는데 며칠 후 영화제를 후원하겠다며 연락이 왔다. 회사에 꼭 필요한 공모사업을 좋은 기분 속에서 준비했는데 최종 선정돼 사업비를 받기도 했고, 기분 좋게 준비한 치유페스티벌은 성공적으로 펼쳐져 호평을 받기도 했다.

반면 기분이 나쁜 상태로 부모님을 뵙거나 회사일을 하면 여러 가지 일이 꼬이면서 기분 나쁜 일들이 벌어진다. 한 번은 부모님을 모시고 병원을 방문했는데 의사가 약을 잘못 처방해 병원과 약국을 몇 번이나 오갔다. 기분이 몹시 상한 상태에서 마트 주차장에 차를 주차하다가 기둥에 들이박고 말았다. 이와 같은 기분 나쁜 일들은 기분이 나쁜 상태에서 발생한다. 그래서 무언가를 시작하기 전에 먼저 좋은 기분을 느껴야 한다. 좋은 기분을 충분하게 느끼고 기분이 좋은 상태에서 행동해야 한다. 좋은 일을 기대하기 전에 좋은 기분을 먼저 느끼는 게 우선이다. 외부의 모든 일은 기분에 절대적으로 영향을 받는다. 우리는 기분과 감정 그대로를 돌려받고, 기분과 감정에 어울리는 일들이 늘 우리를 따라다닌다. 기분이 좋아지면 하루가 눈부시게 달라진다. 특히 아침의 기분이 중요하다. 아침에 처음 느낀 기분대로 하루가 흘러가고, 평소의 기분대로 인생은 흘러간다.

〈기분이 좋아지는 마법의 한 마디〉

행복은 좋은 기분에서 시작해요.

좋은 기분을 더 자주,

더 깊이 느껴봐요.

2장

좋은 삶은
좋은 기분에서
시작된다

- 행복을 위한 기분 관리법

오늘의 기분지수는 몇 점?

기분지수는 현재 자신의 기분이 어떤지를 5점 척도로 나눠 수치화하는 것이다. 매우 좋다(5점) - 좋다(4점) - 그저 그렇다(3점) - 나쁘다(2점) - 매우 나쁘다(1점). 이런 식으로 현재의 기분을 점수로 매기는 것이다. 물론 기분은 상당히 미묘하고 섬세하기 때문에 이처럼 정확하게 구분하는 것이 어려울 수 있다. 그렇다 하더라도 자신의 기분을 알아차리고 일과 중 틈틈이 기분지수를 매기는 것이 기분관리의 시작이다. 기분관리는 여러모로 매우 유용하다. 기분도 관리를 해야 하냐고 묻는다면? '그렇다'이다. 기분을 관리하면 삶의 순간들을 오롯이 즐길 수 있고, 더 깊은 행복을 맛볼 수 있다. 또한 자신의 기분이 어떤지를 알아차리면 타인의 기분도 알아차릴 수 있고 타인의 마음을 공감할 수 있다. 이럴 때 관계의 질도 좋아진다. 기분지수를 통해 기분이 좋은 걸 알아차리고, 나쁜 걸 인식할 때 자신의 삶을 보다 주도적이면 나답게 그리고 원하는 방향으로 이끌 수 있다.

기분은 몸과 마음의 상태를 비추는 거울이고, 현재 자신의 에너지 수준을 보여주기도 한다. 그리고 행복하고 충만한 삶을 위해 어디로 가야 하는 지를 안내하는 나침반이기도 하다. 그래서 기분이 좋다는 건 몸과 마음의 상태가 괜찮고 에너지가 어느 정도 차 있다는 뜻이다. 그리고 기분이 좋은 그 순간의 생각이나 감정이 자신의 행복을 위해 올바르다는 뜻이다. 반면 기분이 나쁘다는 건 몸과 마음의 상태가 좋지 않고 에너지가 부족하다는 뜻이며 기분이 나쁜 그 순간의 생각이나 감정이 자신의 행복을 위해 바람직하지 않다는 뜻이다. 물론 기분은 외부의 상황에 따라 좋아지기도 나빠지기도 하지만 외부의 상황과 관계없이 기분을 살필 때 좀 더 정확하게 기분을 파악할 수 있다.

기분이 좋거나 매우 좋을 때는 현재의 상태를 최대한 유지하는 게 좋다. 몸과 마음을 지금의 상태로 지속하면서 생각과 감정도 현재의 기분을 지키는 방향으로 이끌면 좋다. 반대로 기분이 나쁘거나 매우 나쁘면 현재 몸과 마음의 상태를 개선시킬 방안을 찾아야 한다. 그리고 에너지를 최대한 아껴야 한다. 몸을 너무 혹사하거나 마음을 심하게 요동치는 일에 몰두하는 것은 바람직하지 않다. 몸과 마음의 에너지를 많이 소모하는 일, 육체적인 힘쓰기나 소화가 안 되는 음식을 먹거나 무언가에 열광하거나 열정을 불태우는 일은 자제하는 게 좋다. 몸과 마음을 편안하게 하는 게 첫 번째다. 그리고 생각이나 감정 때문에 기분이 나빠질 수도 있으니 어떤 생각을 했는지 어떤 감정을 품었는지를 살피는 것도 필요하다. 만약 기분 나쁜 생각이나 감정 때문에 기분이 나빠졌다면 생각의 방향을 바꾸거나 기분 좋은 감정을 깨워 기분을 전환해야 한다. 틈틈이 기분지수를 매기는 것은 기분을 관리하는 첫걸음으로 기분을 통해 행복을 찾고 삶을 원하는 방향으로 이끄는 밑거름이다.

〈이럴 때 좋아요〉

ㅇ 기분이 계속 안 좋을 때

ㅇ 기분이 좋았다가 나빴다를 반복할 때

ㅇ 기분에 무심하거나 기분을 느끼지 못할 때

ㅇ 기분을 통제할 수 없다고 생각할 때

〈이렇게 해보세요〉

○ 아침에 눈을 뜨면 움직이지 말고 기분 느끼기

○ 기분이 구체적으로 어떤지를 음미하며 느껴보기

○ 틈틈이 기분을 느끼며 기분지수 매기기

○ 외부상황을 최대한 배제하고 기분 측정하기

○ 새로운 순간마다 기분지수를 매기고 행동하기

〈나는 이렇게 해요〉

○ 아침에 눈을 뜨면 침대에서 3분간 명상을 하며 기분을 느껴요.

○ 기분이 나쁘면 기분명상으로 기분을 끌어올려요.

○ 기분이 좋거나 매우 좋으면 기분대로 행동해요.

○ 기분이 나쁘거나 매우 나쁘면 에너지를 아껴요.

○ 기분이 그저 그럴 땐 편안한 기분을 깨워요.

○ 새로운 순간마다 기분을 느끼며 기분지수를 매겨요.

〈이런 효과가 있어요〉

○ 좀 더 행복하고 깊은 만족감을 느낄 수 있어요.

○ 기분을 조금씩 통제할 수 있어요.

○ 삶의 주인공이 된 것 같아요.

○ 나쁜 기분대로 행동하지 않아요.

○ 기분이 나쁠 때를 알아차려 몸과 마음을 조심하게 돼요.

○ 타인의 기분을 알아차릴 수 있고 공감할 수 있어요.

아침에는 좋은 기분으로 샤워하라

우리는 아침에 일어나면 카톡을 확인하며 하루를 시작한다. 카톡창을 열고 밤늦게 연락 온 메시지가 있는지를 살펴본 후 포털사이트의 뉴스 화면으로 이동해 밤새 무슨 일이 벌어졌는지를 확인한다. 화면에는 다음과 같은 뉴스들이 가득하다. 러시아에서 쏜 미사일로 우크라이나에서 사망자가 속출했다는 소식, 에너지 위기로 고통을 겪고 있는 전 세계 시민들의 모습, 총기사고가 계속 일어나고 있는 미국 뉴스, 밤새 일어난 사건사고 등. 이 뉴스들을 빠르게 읽은 후 날씨를 검색하고 침대에서 일어난다.

그렇게 잠이 덜 깬 몽롱한 상태에서 처음 접하는 뉴스들이 기분을 나쁘게 한다. 특히 아침 뉴스를 장식하는 대부분의 기사는 사람들의 관심을 끌기 위해 자극적이고 부정적인 제목을 붙인다. 그 제목에 낚여 뉴스를 보고 있으면 걱정과 두려움이 스며들고 마음이 심란해진다. 이렇게 아침에 일어난 지 채 5분도 안돼 기분이 급격하게 나빠진다. 한숨이 나오고 머릿속이 복잡해진다. 투명한 아침햇살과 선선한 바람, 감미로운 새소리가 좋은 기분을 깨우기도 전에 기분 나쁜 상태로 하루를 시작한다. 이렇게 하루를 열면 어떤 일들이 벌어질까?

기분이 나빠지면 기분 나쁜 생각들이 꼬리를 물 듯 계속 떠오른다. 보기 싫은 동료의 얼굴이 대형 모니터에 나오듯 갑자기 스치고, 출근하자마자 처리해야 할 일들이 힘겹게 느껴진다. 이번 달에 빠져나갈 카드값이 눈덩이처럼 불어날 것 같고, 뭔가 안 좋은 일이 일어날 것 같은 불길한 예감이 솟구친다. 출근도 하기 전에 벌써 마음이 괴롭다. 어지러운 마음을 붙잡고 지옥길 같은 출근길에 나선다. 몸 상태도 찌뿌둥해진다. 잠을 푹 자서 개운했던 몸이 나쁜 기분 때문에 불안정해진다. 그러면 평상시 가장 약했던 몸의 부위에 이상이 온다. 위장이 약했다면 소화력이 떨어지고, 허리가 아팠다면 허리 부위에 통증이 재발한다. 나쁜 기분은 몸에도 즉각적으로 영향을 미치는데 보통 가장 약한 부위를 파고든다.

이처럼 하루를 기분 나쁘게 시작했다면, 기분 나쁜 생각으로 하루를 열었다면 그 하루는 기분 나쁘게 끝날 가능성이 매우 높다. 기분 나쁜 생각이 불러온 기분 나쁜 일들이 실제로 벌어지거나 좋은 기분 속에서 느껴지는 열정과 영감이 사라져 영혼 없는 생활을 이어갈 것이다. 또한 좋은 기분을 느낄 때 커지는 타인에 대한 배려와 이해심도 약해져 동료나 가족과의 관계도 소원해지고 결국 에너지가 고갈돼 출근길의 괴로운 느낌 그대로 집에 들어설 것이다.

그래서 아침에 눈을 뜨면 가장 먼저 그날의 기분지수를 확인해 기분이 좋은지 나쁜지를 알아차린 후 좋은 기분으로 샤워를 해야 한다. 나쁜 기분이 스며들기 전에 몸과 마음에 좋은 기분을 가득 적시는 것이다. 기분을 좋게 하는 음악을 들어도 좋고, 명상을 하거나 그림을 감상해도 좋다. 뭐가 됐든 좋은 기분이 몸과 마음에 깊이 스며들도록 하는 것이다. 즐겁고 신나는 감정에 푹 빠지는 것이다. 이렇게 좋은 기분을 몸과 마음에 각인시키고 그 기분을 음미하면서 아침을 시작해보자! 그러면 매일 아침이 향기롭게 느껴지고 다가올 순간들이 기분 좋게 바뀔 것이다.

〈이럴 때 좋아요〉

○ 아침을 맞는 게 두려울 때

○ 출근이나 등교하기 싫을 때

○ 똑같은 일상이 지겨울 때

〈이렇게 해보세요〉

○ 아침에 눈을 뜨면 제일 먼저 기분지수 매기기

○ 기분을 좋게 하는 행동하기

○ 좋은 기분을 몸과 마음에 깊이 적시기

○ 좋은 기분을 최대한 깊게 음미하기

○ 좋은 기분 그대로 집을 나서기

〈나는 이렇게 해요〉

○ 아침에 눈을 뜨면 기분지수를 매겨요.

○ 기분을 가장 좋게 하는 게임음악이나 클래식을 들어요.

○ 좋은 기분을 깊이 음미해요.

○ 좋은 기분을 음미하면서 오늘 원하는 일을 상상해요.

○ 좋은 기분 속에서 집을 나서요.

〈이런 효과가 있어요〉

○ 아침이 두렵지 않아요.

○ 무기력함과 우울증이 개선돼요.

○ 짜증과 스트레스가 사라져요.

○ 좋은 일이 생겨요.

○ 원하는 미래를 향해 갈 수 있어요.

〈기분이 좋아지는 마법의 한 마디〉

아침의 첫 기분대로 하루가 흘러가고 평소의 기분대로 인생이 흘러가요.

그러니 아침에 눈을 뜨면 기분을 좋게 해요.

하루가 달라질 거예요.

우리는 매일, 새로운 날을 맞는다. 새로운 날은 새로운 순간과 새로운 시간이 모여 열린다. 삶은 그 순간과 시간의 연속선상에서 펼쳐지는 한 편의 드라마다. 특히 새로운 순간은 새로운 현실의 문이 열리는 특별한 시간이다. 이제까지 존재하지 않았던 일들, 이제까지 발생하지 않았던 일들이 벌어질 수 있는 가능성의 문이자 어떤 일이든 일어날 수 있는 창조의 문이기도 하다. 그 순간에 어떤 일이 일어나고 그 순간을 어떻게 보내느냐가 우리의 행복을 결정하고 미래를 결정한다. 그래서 그 순간을 어떻게 맞을 것인가가 중요하다.

우리는 새로운 순간을 어떻게 맞고 있을까? 우리는 이전이나 바로 직전에 느꼈던 기분 그대로 새로운 순간을 맞는다. 이전에 기분이 나빴으면 그 기분 그대로 새로운 순간을 맞는다. 짜증과 실망, 불안감 등을 느꼈다면 그 감정 그대로 새로운 순간에 들어선다. 또 이전이나 바로 직전에 품었던 생각 그대로 새로운 순간을 맞는다. 상사에게 지적을 받아 자존심이 상했던 생각, 친구와 다퉜던 생각, 동료에게 서운했던 생각 등을 가지고 새로운 순간에 진입한다.

그렇다 보니 새로운 순간이 전혀 새롭지 않다. 과거의 연속이고 어제의 반복이다. 이전에 일어났던 일들, 바로 직전에 벌어졌던 상황들이 새로운 순간에도 계속 펼쳐진다. 과거의 기분 나쁜 감정과 생각을 가지고 새로운 순간을 맞으니 그 감정과 생각에 어울리는 기분 나쁜 일들만 생긴다. 일이 어긋나고 다툼이 벌어지고 계획이 진척되지 않는다. 그러면서 우리는 새로운 순간을 온전히 즐기지 못한다. 새로운 순간, 그 신비의 문이 닫히고 만다.

우리가 어제보다 나은 삶, 어제보다 행복한 삶을 살기 위해서는 새로운 순간에는 새로운 일들이 벌어져야 한다. 이전에서 벌어지지 않았던 기분 좋은 일들이다. 그러기 위해서는 새로운 순간에 기분을 새롭게 해서, 새로운 기분을 느껴야 한다. 새로운 순간에는 그 순간에 일어났으면 하는 일과 상황을 생각하고 느껴야 한다. 그 생각과 감정을 통해서 전해지는 설렘과 흥분을 가지고 새로운 순간에 들어서야 한다. 좀 더 좋은 기분과 고양된 감정이다. 그래야 새로운 순간에 어울리는 일과 상황들이 벌어진다. 또한 새로운 순간을 설렘과 흥분으로 맞아야 한층 생기 있게 보낼 수 있다. 제대로 그 순간에 집중할 수 있고 그 순간을 즐길 수 있다. 새로운 순간을 새로운 기분으로 시작할 때 이전에 받았던 스트레스나 기분 나쁜 생각 혹은 안 좋았던 기억을 잊을 수 있다. 새로운 순간은 원하는 삶을 시작할 수 있는 축복의 시간이다. 그 시간은 괴로움과 아픔, 고통이 가득했던 과거가 아닌 원하는 미래로 나갈 수 있는 시간이다. 그래서 새로운 순간은 기대 속에서 맞아야 한다. 더 뜨겁게 기대하고 더 열렬히 기대해 새로운 순간을 살아야 한다. 기대하지 않으면 새로운 순간은 과거에 머물 뿐이다. 새로운 순간엔 기분을 새롭게 해보자!

〈이럴 때 좋아요〉

○ 삶이 지루하고 답답할 때

○ 삶에 변화가 필요할 때

○ 안 좋은 일이 계속될 때

○ 같은 일들이 반복해서 일어날 때

〈이렇게 해보세요〉

○ 새로운 순간에 앞서, 그 순간에 원하는 것 생각하기

○ 원하는 일, 바라는 상황을 생각하고 느끼기

○ 그 기분 그대로 새로운 순간에 들어서기

○ 새로운 순간마다 반복하기

〈나는 이렇게 해요〉

○ 새로운 순간이 오면 눈을 감고 원하는 것을 생각해요.

○ 원하는 것을 구체적으로 생각하고 깊이 느껴요.

○ 좋은 기분으로 새로운 순간을 시작해요.

○ 새로운 순간마다 반복해요.

〈이런 효과가 있어요〉

○ 원했던 일이나 바라던 상황이 펼쳐져요.

○ 새로운 순간이 재미있고 즐거워요.

○ 새로운 순간을 집중할 수 있어요.

○ 좋은 사람들을 멋진 관계를 맺게 돼요.

○ 과거의 기분에 끌려다니지 않아요.

○ 출렁거리고 요동치는 기분이 편안해져요.

〈기분이 좋아지는 마법의 한 마디〉

행복도, 건강도, 풍요도, 인간관계도, 미래도

기분에 의해 결정돼요.

기분이 좋아지면 이 모든 것이 좋아져요.

—

꿈을 이룬 것처럼 잠들어라

우리는 잠들기 전에 많은 생각을 한다. 이 중에서도 하루 중 기분이 가장 나빴거나 마음을 힘들게 했던 생각을 하면서 잠을 잔다. 오늘 벌어졌던 일 중에서 가장 짜증스러웠던 일 혹은 스트레스를 받았던 순간을 생각하며 잠을 청한다. 머릿속으로 기분 나쁜 상상의 나래가 펼쳐지고 복수가 난무하는 살벌한 전투를 그린다. 그렇게 잠들기 직전까지도 나쁜 기분을 느끼며 괴로움과 혼란스러움을 느낀다. 잠들 때라도 기분이 좋으면 안 될까? 피곤했던 하루를 꼭 이렇게 마무리해야 할까? 그런데 잠들 때 기분 나쁜 생각을 하면서 잠이 들면 그 생각이 잠재의식에 저장돼 그와 똑같은 일들이 현실에서 벌어진다고 한다.

　잠재의식 전문가 조셉 머피가 지은 『마음수업』이란 책에는 잠재의식을 활용해 몸과 마음을 치유하고 꿈을 이룬 사람들의 이야기가 많이 나온다. 잠재의식을 평생 연구해온 의사이자 심리학자 조셉머피는 "우리 누구나 전지전능한 마음의 힘인 잠재의식이 있으며 잠재의식 덕분에 생각하는 모든 것을 이룰 수 있다."라고 말한다. 잠재의식은 잠들기 바로 직전에 의식이 몽롱하거나 이성적인 활동이 중간된 시간 혹은 긴장이 풀려 몸과 마음이 이완될 때 열린다고 한다. 그 순간이 잠재의식이 본격적으로 활동하는 시간이다. 이렇게 잠재의식이 활동할 때 꿈을 이뤄 기뻐하는 모습을 상상하면 그 이미지들이 잠재의식에 각인되고 잠재의식이 이를 반드시 현실로 드러나게 만든다고 한다. 그래서 특히 잠들기 전에는 생각을 잘 선택해야 한다. 피곤하고 귀찮다고 떠오르는 대로 생각하거나 기분 나쁜 생각에 빠져서 잠들면 안 된다. 이왕이면 잠들 때 꿈을 이룬 것처럼 좋은 기분을 느끼면 어떨까? 행복과 기쁨을 가득 느끼면서 잠을 자는 것이다. 지금 원하는 것이 이뤄졌다고 생각하고 원하는 것을 마음껏 누리는 모습을 상상하며 그 기분을 생생하게 만끽하는 것이다. 회사나 학교에서 벌어진 기분 나쁜 일 때문에 꿈을 상상하기가 어렵다면 그 일들이 원만하게 해결되는 모습을 상상하는 것도 좋다. 골치 아팠던 일들이 잘 풀려서 행복해하는 이미지를 떠올리면 된다. 그러면 힘든 상황이 조금씩 좋아지고 좀 더 편안한 환경을 만날 수 있다. 잠재의식 때문이 아니더라도 잠들 때 기분 좋게 자야 잠도 푹 자고 악몽에 시달리지 않는다. 악몽을 꾸는 사람들은 대부분 잠들기 직전까지도 기분 나쁜 생각을 멈추지 않는다. 기분 좋게 잠들면 다음 날 아침도 상쾌하게 맞을 수 있다. 그리고 어제의 기분 나쁜 일들에 영향을 덜 받아 내일을 좀 더 행복하게 보낼 수 있다. 잠들 때는 꿈을 이룬 것처럼 좋은 기분을 느끼며 잠들자! 내일이 훨씬 기분 좋아질 것이다.

〈이럴 때 좋아요〉

○ 악몽에 시달리거나 잠자는 게 두려울 때

○ 아침을 기분 좋게 시작하고 싶을 때

○ 꿈을 이루며 원하는 삶을 살고 싶을 때

○ 원하는 상황을 맞고 싶을 때

〈이렇게 해보세요〉

○ 잠들기 전에 편안한 음악 듣기

○ 편안한 기분에 따라 지금 꿈이 이뤄진 것처럼 상상하고 느끼기

○ 좋은 기분을 가득 느끼며 잠들기

○ 요일별로 이루고 싶은 꿈을 생각하기

〈나는 이렇게 해요〉

○ 잠들기 전에 명상음악을 들어요.

○ 꿈이 지금 이뤄졌다고 상상해요.

○ 심장이 터질 것 같은 좋은 기분을 느껴요.

○ 그 좋은 기분 속에서 잠이 들어요.

○ 요일별로 이루고 싶은 꿈을 생각해요.

〈이런 효과가 있어요〉

○ 잠을 개운하게 잘 수 있어요.

○ 다음날 아침도 기분을 좋게 유지할 수 있어요.

○ 꿈을 이룰 수 있어요.

○ 원했던 일들이 일어나요.

○ 삶이 순탄해져요.

중요한 일을 앞두고 텐션을 높여야 하는 이유

예전에 모 방송국의 아나운서는 뉴스를 진행하기 전에 술을 한잔 마시고 뉴스를 진행했다고 한다. 한 치의 실수도 허용되지 않는 팽팽한 생방송 현장에서 얼마나 긴장을 했으면 오죽 그랬을까? 나도 공연이나 축제의 개막식에서 사회를 볼 때 술을 마신 듯 약간 들뜬 상태도 무대에 오른다. 대기실에서 행사가 성공적으로 끝나 뜨거운 환호를 받는 모습을 상상하거나, 베토벤 합창교향곡 4악장을 들으며 기쁨의 감정을 가득 느낀 후 행사를 시작한다. 그러면 긴장감이 많이 줄어들어 실수를 덜 하게 되고, NG가 나서 행사가 계획대로 진행되지 않아도 크게 당황하지 않는다.

또한 기분이 고양된 상태에서 느껴지는 자신감 속에서 내가 가지고 있는 능력과 보여줄 수 있는 퍼포먼스가 최고치로 발휘된다.

예전에는 차분한 마음으로 무대에 올랐다. 그랬더니 조금만 실수를 해도 말이 꼬이고 자세가 부자연스러워지는 것이었다. 그리고 행사가 진행되는 와중에 사소한 NG가 발생하면 크게 당황해 오랫동안 준비했던 멘트나 동작이 완전히 헝클어지는 것이었다. 그 후에는 중요한 일을 앞두고는 텐션을 높여 설렘과 흥분을 느끼며 무대에 오른다. 이처럼 중요한 일이나 면접, 시험, 발표, 행사 등을 앞두고서는 텐션을 높이는 게 좋다. 그래야 실수를 해도 대범하게 대처할 수 있고 준비한 모든 것이 자연스럽게 드러난다. 반면 침착한 상태에서 실수를 하면 더 긴장하게 되고 몸과 마음이 위축된다.

우리는 중요한 무언가를 하기에 앞서 마음을 냉정하게 유지하라는 이야기를 많이 듣고 자랐다. 들뜨고 흥분하면 실수를 하게 된다고 교육을 받았다. 그러나 사실은 기분이 좋아져야 내가 가지고 있는 실력과 능력, 퍼포먼스가 어떤 상황에서도 흔들림 없이 발휘된다. 기분이 좋아져야 자신감이 생기면서 외부상황에 위축되거나 압도당하지 않고 주변을 살필 수 있는 여유도 생긴다. 중요한 일을 앞두고는 텐션을 내릴 것이 아니라 오히려 텐션을 높여야 한다. 그래야 최고의 결과를 기대할 수 있다. 최고의 결과는 좋은 기분 속에서 자연스럽게 나오는 에너지의 결과다. 기분이 상승하면 에너지가 높아지고, 높은 수준의 에너지 속에서 존재하는 잠재력이 깨어난다. 이처럼 기분이 좋은 상태에서 뭔가를 하면 내가 가지고 있던 지식과 정보가 최대한 흘러나오고 이해력과 암기력 등의 학습 능력도 극대화된다. 텐션을 높인다는 것은 나의 에너지를 높이는 일이고, 나의 모든 능력을 최대화시키는 일이다. 중요한 일을 앞두고 있다면 텐션을 높여 기분을 좋게 해보자!

〈이럴 때 좋아요〉

　○ 최고의 성과나 결과를 내고 싶을 때

　○ 새로운 기회를 맞고 싶을 때

　○ 중요한 순간을 망치고 싶지 않을 때

〈이렇게 해보세요〉

　○ 중요한 순간 직전에 기분을 가장 좋게 하기

　○ 중요한 순간 직전에 원하는 것을 상상하기

○ 기분을 가장 좋게 하는 음악 듣기

○ 설렘과 흥분을 느끼며 그 순간에 들어서기

○ 마지막에는 마음을 비우기

〈나는 이렇게 해요〉

○ 중요한 순간 직전에 게임음악이나 클래식을 들어요.

○ 기분을 최고조로 높여요.

○ 좋은 기분 그대로 중요한 순간을 맞아요.

○ 마지막에는 마음을 비워 홀가분하게 시작해요.

〈이런 효과가 있어요〉

○ 중요한 순간에 떨거나 긴장하지 않아요.

○ 실력과 능력, 퍼포먼스를 최고치로 보여줄 수 있어요.

○ 실수를 해도 의연하게 대처할 수 있어요.

○ 자신감과 여유가 생겨요.

〈기분이 좋아지는 마법의 한 마디〉

기분 좋은 생각이 마음을 즐겁게 하고

즐거운 마음이

인생을 순탄하게 해요.

기분이 나쁠 때는 일단 스톱하라

우리는 기분이 나쁠 때, 그 기분대로 행동을 한 후 후회를 하거나 마음의 상처를 입었던 적이 있다. 나에게도 그런 일이 있었다. 예전 회사에서 공무원인 직장동료와 몇 차례 말다툼을 벌였다. 일을 바라보는 관점에서 큰 차이가 생기다 보니 많은 대화를 나눴음에도 불구하고 의견차를 좁히지 못했다. 그러던 어느 날, 평소처럼 업무와 관련한 대화를 나누고 있었는데 도무지 입장을 좁힐 수가 없었다. 그동안 쌓였던 감정이 폭발해 소리를 지르며 화를 냈다. 동료도 같이 흥분해 화를 냈고 우리는 다시는 안 볼 사람처럼 큰 소리로 다퉜다. 옆에 있던 후배와 동료들의 제지로 상황은 정리됐지만 그 후로 우리는 대화도 나누지 않는 채 모르는 남처럼 지낼 수밖에 없었다.

그런데 감정이 상한 동료는 그때부터 돌변해 나와 상사의 권한을 제한하려고 하는 것이었다. 신생 조직이고 아직 조직체계가 정비되기 전이어서 공무원에게 조직관리에 대한 권한이 있었지만 그것은 엄연한 부당행위였다. 나름 안정적으로 조직을 이끌어왔던 나와 상사는 동료에게 그렇게 업무를 처리하지 말라고 요청했지만 받아들여지지 않았다. 결국 상사는 행정소송까지 진행했고, 우리 조직은 큰 어려움을 겪을 수밖에 없었다. 그리고 나와 상사는 극심한 스트레스를 받아야만 했다. 만약 화가 치밀어 올랐을 때 달궈진 감정 그대로 행동하지 않고 냉정하게 행동을 했으면 이렇게까지 되지 않았을 텐데. 나는 엄청난 후회를 하고 말았다.

기분이 나쁠 때는 하던 일을 잠시 중단하고 나쁜 기분을 내려놓은 후 행동에 나서야 한다. 나쁜 기분에 따라 무언가를 하면 부정적인 판단과 결정, 행동을 하게 된다. 이는 곧 잘못된 선택과 막대한 후회를 불러일으키기 쉽다. 흥분한 상태에서는 냉철하게 무언가를 계산하거나 명쾌하게 판단을 내리기가 쉽지 않다. 올바른 행동을 할 수도 없음은 물론이다. 그래서 기분이 나쁠 때는 최소한 1분이라도 마음의 공백을 만들어 나쁜 기분을 최대한 정화해야 한다. 그리고 행동해야 한다. 그래야 잘못된 선택을 통해 후회할 일이 생기지 않는다. 분노와 화가 나서 기분이 나쁠 때 그 기분으로 행동하면 분노와 화를 부르는 일을 경험하게 되고, 실망과 좌절 때문에 기분이 나쁠 때 그 기분대로 행동하면 실망과 좌절을 느끼게 되는 일에 직면하게 된다. 우리는 감정대로 돌려받는다. 내가 느낀 감정대로, 그 감정과 어울리는 일이 늘 일어난다. 초조하거나 불안할 때도 그 기분에서 벗어나서 마음을 진정시킨 후 몸을 움직여야 한다. 조급하다고 서둘다가 일이 어긋나는 경우를 우리는 너무 자주 경험한다. 기분이 나쁠 때는 일단 스톱하고 나쁜 기분을 내려놓은 후 차분하게 행동해야 한다. 그래도 늦지 않다. 이것이 지혜로운 삶의 길이다.

〈이럴 때 좋아요〉

o 좋은 판단과 결정, 행동을 하고 싶을 때

o 후회하지 않는 삶을 살고 싶을 때

o 잘못된 선택을 하고 싶지 않을 때

o 나쁜 기분에 휩쓸리지 않고 싶을 때

o 어떤 일이든 좀 더 좋은 결과를 얻고 싶을 때

〈이렇게 해보세요〉

○ 기분이 나쁠 때를 알아차리기

○ 나쁜 기분이 사라질 때까지 눈을 감고 심호흡하기

○ 생각을 전환해 기분 좋은 생각하기

○ 편안한 음악을 들으며 마음의 평화로움 찾기

○ 마음이 진정되면 그때 행동하기

〈나는 이렇게 해요〉

○ 기분이 나쁠 때를 바로 알아차려요.

○ 나쁜 기분이 사라질 때까지 무언가를 하지 않아요.

○ 눈을 감고 심호흡을 하며 마음을 안정시켜요.

○ 편안한 음악을 들으며 고요함을 느껴요.

○ 생각을 전환해 기분이 좋아지는 생각을 해요.

○ 기분을 최대한 편안하게 해요.

○ 밖으로 나가 햇빛과 바람을 즐겨요.

〈이런 효과가 있어요〉

○ 잘못된 결정이나 행동을 하지 않아요.

○ 후회를 줄일 수 있어요.

○ 좋은 기분을 다시 느낄 수 있어요.

○ 좀 더 성숙해져요.

○ 지혜롭고 현명해져요.

〈기분이 좋아지는 마법의 한 마디〉

마음이 괴롭고 힘들 때

좋은 기분은 나에게 줄 수 있는

최고의 선물이에요.

영감이 떠오르면 무조건 직진하라

글을 쓰거나 사업계획서를 다듬을 때 영감이 터지면 마치 댐에서 물이 방류되듯 아이디어가 쏟아진다. 머리와 가슴에 일순간 빛이 들어와 정신을 번쩍 깨우는 것 같다. 거대한 에너지와 연결된 것 같고 그 에너지와 하나가 된 것 같기도 하다. 막혔던 글발이 열리고 새로운 생각이 끓어오른다. 누군가가 나를 조종하듯 몸과 마음이 어떤 힘에 이끌리는 것처럼 느껴지기도 한다. 나는 가만히 있는데 몸과 마음이 저절로 움직이는 것 같다. 반면 영감이 떠오르지 않을 때는 무언가와 단절된 것 같고 생각과 아이디어가 막힌다.

영감은 기분이 좋을 때 자연스럽게 샘솟는 에너지다. 고요하고 충만한 기분 속에서 혹은 열정과 희망, 기쁨의 감정을 통해 기분이 아주 좋을 때 가슴이 환해지면서 깨어나는 힘이다. 영감을 받을 때 우리는 무언가 큰 에너지와 연결된 것 같고 혹은 어떤 강력한 힘이 나를 이끄는 듯한 느낌을 받는다. 힘을 들이지 않고도 저절로 몸이 따라가고 마음이 이끌린다. 그래서 영감에 따라 행동할 때 무척 자연스럽고 편안하다. 그리고 기분도 좋다. 그 속에서 혁신적인 창조성과 독창성이 터져 나온다. 우리는 영감에 따라 행동할 때 한계를 잊어버리고 불가능에 대한 개념을 인식하지 못한다. 좋은 기분과 뜨거운 에너지 속에서 존재한다는 것만 알아차릴 따름이다.

우리가 행복을 추구하고 원하는 삶을 사는 데 가장 좋은 행동은 영감에 따른 행동이다. 불안함과 초조함, 걱정, 두려움에 기반한 행동이 아니라 영감에 따른 행동이 가장 바람직한 결과를 낳는다. 그래서 만약 영감이 떠오른다면 뒤도 돌아보지 말고 바로 직진해 영감이 느껴지는 대로 행동해야 한다. 그렇게 행동할 때 원하는 삶으로 가는 귀중한 기회를 얻을 수 있다. 자신에게 가장 필요한 정보나 아이디어를 발견할 수 있고, 우연히 어떤 사람을 만나 도움을 받기도 한다. 영감을 느끼기 위해서는 좋은 기분이 반드시 필요하다. 조용한 곳에서 혼자만의 시간을 보내며 고요함과 충만함을 느껴야 한다. 또한 원하는 것을 상상하거나 소망을 생각할 때, 그 순간의 설렘과 흥분 속에서 피어나는 좋은 기분을 통해 영감을 느낄 수도 있다. 영감은 언제 어디서든 꺼내 쓸 수 있는 무한한 힘이다. 삶을 새롭게 도약시키는 가능성의 문이자 꿈이 이루어지는 신비의 문이다. 잡다한 생각과 부정적인 감정에 의해 기분이 나빠지지 않는다면 영감을 만날 수 있다. 영감이 떠오르면 뒤도 안 보고 직진해보자!

〈이럴 때 좋아요〉

○ 삶에 변화나 해결책이 필요할 때

○ 혁신적인 아이디어나 발상이 필요할 때

○ 가야 할 길을 찾을 때

○ 창조적인 작업을 할 때

○ 문제에 막혀 진도가 안 나갈 때

〈이렇게 해보세요〉

○ 자연 속에서 고요하게 혼자만의 시간 갖기

○ 그 시간 속에서 충만한 감정 경험하기

○ 꿈이나 소망을 생각하며 좋은 기분 느끼기

○ 그 기분 속에서 떠오르는 감정 경험하기

○ 영감이 느껴지면 용기 있게 나서기

〈나는 이렇게 해요〉

○ 영감이 필요하면 산책을 해요.

○ 고요하고 충만한 감정을 느낄 수 있는 곳에 혼자 가요.

○ 그곳에서 느껴지는 감정에 따라가요.

○ 꿈이나 소망을 생각하며 좋은 기분을 느껴요.

○ 그 기분 속에서 떠오르는 아이디어를 놓치지 않아요.

〈이런 효과가 있어요〉

○ 막혔던 문제에 대한 해답이나 아이디어가 떠올라요.

○ 창조적인 발상을 깨울 수 있어요.

○ 어디로 가야 할지 삶의 방향을 찾을 수 있어요.

○ 마음이 고요하고 평화로워요.

○ 꿈을 실현하는 데 필요한 것들을 만날 수 있어요.

나만의 기분업 루틴 만들기

기분이 나쁘거나 처졌을 때 기분을 좋게 하는 나만의 기분업 루틴이 있는가? 이 루틴이 있고 없는 게 행복한 삶을 사는 데 엄청난 차이를 만든다. 나만의 루틴이 있는 경우에는 내가 내 기분의 주인공이 돼 삶을 주체적으로 이끌 수 있다. 기분을 스스로 관리하면서 나쁜 기분의 그늘에서 벗어나 즐거움과 행복을 느끼며 삶을 활기차게 살 수 있다. 삶의 순간들을 특별하게 느끼면서 미래를 원하는 방향으로 이끌 수 있다. 반면 나만의 루틴이 없는 경우에는 기분이 나쁠 때 좋은 기분으로 전환하기 위한 활동이 없어 기분이 나쁜 채로 살 수밖에 없다. 분노와 짜증 등의 감정에 끌려다니면서 스트레스와 괴로움의 늪에서 헤어 나오지 못한다. 그리고 현실에서도 과거의 아픔이 반복돼 쳇바퀴 도는 삶을 살게 된다.

우리는 매일 기분 나쁜 상황을 만난다. 아무리 기분 좋게 하루를 시작해도 뭔가 틀어지고 어긋나고 깨지면서 기분 나쁜 일들이 일어난다. 기분 나쁜 일은 언제 어디서 벌어질지 모른다. 그래서 우리는 예상하지 못한 기분 나쁜 일로 좌절을 겪기도 하고 큰 슬픔과 아픔을 겪기도 한다. 이때 나만의 기분업 루틴이 있다면 기분 나쁜 상황을 비교적 쉽게 이겨 낼 수 있다. 슬프고 우울한 상황에서도, 실망과 좌절을 겪은 상황에서도 이 기분업 루틴이 우리를 나쁜 기분의 구렁텅이에서 빠져나오게 한다. 나쁜 기분에서 빠져나와야 일상을 다시 시작할 수 있고 소소한 행복을 찾을 수 있다. 나만의 기분업 루틴을 만드는 것은 귀중한 우리 인생에서 꼭 필요하다. 특히 기분에 의해 마음의 평화와 행복, 건강은 물론 풍요와 인간관계 등 삶의 모든 것이 결정되기 때문에 더욱 그렇다.

그래서 나만의 기분업 루틴을 만드는 것은 행복한 삶을 위해 나에게 해줄 수 있는 가장 귀중한 선물이다. 그리고 나쁜 기분으로부터 나를 지키면서 주도적인 삶을 살게 하는 열쇠이기도 하다. 나쁜 기분으로부터 나를 지킬 때 우리는 기분을 통해 지금 이 순간의 행복과 소중함을 경험할 수 있고, 사람들과의 관계를 좋게 할 수 있으며 삶의 만족도와 성취감을 높일 수 있다. 나만의 기분업 루틴은 어떤 것도 괜찮다. 자신의 기분을 좋게 하면서 즉시 활용할 수 있고 어디서든 사용할 수 있으면 된다. 구체적으로 어떤 활동을 할지는 본능에 맡기면 좋다. 본능에 따를 때 가장 자연스럽고 오래 할 수 있다. 그리고 기분업 루틴은 꼭 해야 한다. 생각하면 하고 생각나지 않으면 안 해도 되는 것은 루틴이 아니다. 요즘처럼 세상이 혼란스러울 때 기분을 좋게 하는 자신만의 활동이 있어야 한다. 오늘부터 나만의 기분업 루틴을 만들어보자!

〈이럴 때 좋아요〉

○ 기분이 나쁘거나 처져 있을 때

○ 기분 나쁜 상태가 오래 지속될 때

○ 큰 슬픔과 아픔을 겪고 있을 때

○ 삶에 활력이 필요할 때

〈이렇게 해보세요〉

○ 기분을 좋게 하는 게 무엇인지를 알아차리기

○ 즉시 활용할 수 있는 것을 선택하기

○ 다양한 장소에서 사용할 수 있는 것을 고르기

○ 기분이 나쁠 때 즉시 활용하기

〈나는 이렇게 해요〉

○ 아침에 기분 좋은 음악을 들어요.

○ 틈틈이 아로마 오일의 향을 맡아요.

○ 기분이 나쁠 때 밖으로 나가 기분 좋은 감정을 깨워요.

○ 기분이 처질 때 햇빛을 쐬며 축복을 느껴요.

○ 새로운 순간마다 원하는 것을 느껴요.

○ 기분 나쁜 일이 생기면 생각을 바꿔요.

〈이런 효과가 있어요〉

○ 기분이 점점 좋아지고 행복해져요.

○ 마음이 안정되고 평화로워요.

○ 큰 슬픔과 위기를 이겨낼 수 있어요.

○ 번아웃증후군을 예방할 수 있어요.

○ 기분 나쁜 상태가 오래 지속되지 않아요.

〈기분이 좋아지는 마법의 한 마디〉

기분 좋은 감정 하나면 우리는 행복할 수 있어요.

감정은 느낄수록 풍부해지고 깊어져요.

기분 좋은 감정을 깊이 음미해요.

막막함과 걱정은 좋은 기분에 맡겨라

살면서 기분이 가장 나쁠 때는 미래가 막막하다고 느끼거나 앞날이 걱정될 때다. 미래를 위해 할 수 있는 게 아무것도 없다고 느낄 때 우리는 절망을 느낀다. 수모를 당해 자존심이 상해도 기분이 무척 나쁘지만 먹고사는 일에 위기가 닥치면 생존에 대한 두려움이 밀려와 기분이 꼬꾸라진다. 이처럼 미래가 막막할 때 우리는 가파른 절벽이 내려다보이는 벼랑 끝에 선 것처럼 살 떨리는 공포를 경험한다. 어떻게 해야 할지 도무지 길을 찾을 수 없다. 앞날을 걱정할 때도 마찬가지다. 우리는 무언가를 걱정할 때 불안함과 두려움을 느끼며 몸과 마음에서 엄청난 에너지를 소모

한다. 짜증과 스트레스는 커지고 암울한 생각만 떠올라 괴로움이 치솟는다. 소소한 걱정은 앞날을 대비하는 데 긍정적으로 작용하기도 하지만 걱정이 습관이 돼 위험하지 않은 상황에서도 걱정을 한다거나 심각할 정도로 걱정하는 것은 삶을 허비하는 것을 넘어 물론 인생을 고통의 늪에 빠지게 한다.

이렇게 막막함과 걱정이 밀려올 때 우리가 할 수 있는 최선의 방법은 좋은 기분에 맡기는 것이다. 막막함과 걱정을 이겨낼 수 있도록 노력을 하면서도 행복과 희망, 열정 등의 감정을 느끼며 좋은 기분 속에 미래를 내맡기는 것이다. 좋은 기분에 맡긴다는 건 기분 좋은 생각을 하면서 서핑을 하듯 좋은 기분의 흐름에 올라타는 것이다. 막막함과 걱정이 해결된 것처럼 생각하고 그 가운데 느껴지는 좋은 기분에 따라 사는 것이다. 이렇게 기분이 좋아지면 막막함과 걱정을 벗어나게 하는 아이디어나 발상이 떠오른다. 이 아이디어와 발상에 따라 행동할 때 해답을 찾을 수 있고 문제를 풀 수 있다.

막막함과 걱정은 좋은 기분을 느끼는 만큼 가라앉는다. 우리는 좋은 기분과 나쁜 기분을 동시에 느낄 수 없다. 좋은 기분을 느낄 때는 나쁜 기분이 줄어들고, 나쁜 기분을 느낄 때는 좋은 기분이 줄어든다. 이처럼 평소에 좋은 기분을 자주 느낄 때 기분 나쁜 감정들은 힘이 빠진다. 우리가 마주하고 있는 좋지 않은 일들, 답답한 현실은 과거의 부정적인 감정이나 현재의 나쁜 기분이 씨앗처럼 작용해서 벌어진 일이다. 막막함을 느끼고 걱정을 하면 할수록 다가올 순간과 미래는 벼락이 치고 폭풍우가 밀려온다. 그래서 미래가 막막하고 앞날이 걱정된다면 기분 좋은 생각과 감정을 통해 좋은 기분을 느껴야 한다. 고요함과 편안함을 느끼다 보면 자연스럽게 즐거움과 행복으로 이어질 수 있다. 희망과 열정, 자신감과 같은 감정이 샘솟으면 어떤 어려움도 이겨낼 수 있을 것 같고, 꿈꾸는 미래가 펼쳐질 것 같은 느낌이 든다. 그 느낌이 우리를 행복과 성공으로 이끈다. 막막함과 걱정은 좋은 기분에 맡겨야 한다. 기분 좋은 생각과 감정 속에서 느껴지는 좋은 기분의 흐름에 서핑을 하듯 올라타면 해결책이 나타나고 문제가 사라진다. 막막하고 걱정스러운가? 좋은 기분에 맡겨보자!

〈이럴 때 좋아요〉

○ 미래가 막막하고 불안할 때

○ 앞날이 걱정돼 잠이 안 오고 초조할 때

○ 의욕이 없고 사는 게 무의미하다고 느껴질 때

o 막막함과 걱정이 들면 그 감정과 마주하기

o 막막함과 걱정이 해결됐다고 생각하기

o 좋은 기분을 느끼고 기분대로 행동하기

o 평소에 고요함과 편안함을 느끼기

o 희망과 열정, 자신감의 감정 깊이 느끼기

o 그 감정 속에서 느껴지는 좋은 기분 만끽하기

o 좋은 기분에 맡기고 따르기

〈나는 이렇게 해요〉

o 막막함과 걱정이 밀려올 때 그 감정을 피하지 않아요.

o 심장이 고동치는 음악을 들으며 좋은 기분을 느껴요.

o 좋은 기분대로 생각하고 행동해요.

o 평소에 기쁨과 황홀함의 감정을 자주 느껴요.

o 그때의 좋은 기분을 깊이 만끽해요.

〈이런 효과가 있어요〉

o 막막함과 걱정이 사라져요.

○ 걱정했던 일들이 순조롭게 풀려요.

○ 마음이 편안해지며 안도감이 생겨요.

○ 희망과 자신감을 느낄 수 있어요.

○ 미래가 기분 좋게 펼쳐져요.

〈기분이 좋아지는 마법의 한 마디〉

근심과 걱정이 밀려올 때

좋은 기분의 흐름에

서핑을 하듯 올라타요.

3장

기분이
하루하루를
망치지
않도록

- 좋은 기분이 깨어나는 순간들

행복을 결정하는 단 하나

새해가 밝자마자 친구들과 단톡방에서 신년 인사를 나눴다. 코로나19로 좀처럼 만날 수 없었던 우리는 가끔 이렇게 안부를 묻곤 한다. 반갑게 인사를 하니 친구들은 약속이라도 한 듯 하나같이 자신의 소망을 꺼내놓았다. 몸이 안 좋은 친구는 건강을 회복했으면 좋겠다고 하고, 직장에서 소송에 휘말린 친구는 평온한 일상이 제일 그립다고 했다. 큰아이가 중3이 된다는 친구는 아이가 좋은 고등학교에 입학하면 바랄 것이 없다고 했고, 대학 교수인 친구는 학교가 없어지는 것은 아닌지 불안하다며 안정된 직장에 다니고 싶다고 했다. 이렇게 한바탕 소망과 푸념이 뒤섞인

이야기를 풀어놓은 후 서로에게 행복하라고 아니 행복해야 한다고 힘주어 말하면서 인사를 끝냈다. 친구들과 나눈 신년 인사를 되짚어보니 바라는 것은 많았지만 결국 가장 원하는 것은 행복이라는 것을 확인할 수 있었다.

과연 행복이 무엇이기에 우리는 이토록 행복을 원하는 걸까? 돈이 많아도 직장이 번듯해도 우리는 행복을 원한다. 그것도 쉽게 사라지지 않는 지속 가능한 행복말이다. 기분을 연구하는 사람의 입장에서 보면 행복은 기분 좋은 순간의 감정이다. 우리가 행복하다고 느낄 때는 기분 좋은 순간이고 불행하다고 느낄 때는 기분 나쁜 순간이다. 기분이 좋으면 행복하고 기분이 나쁘면 불행하다. 기분이 좋지 않으면 행복은 있을 수 없고, 기분이 좋을 때까지 행복은 지속된다. 행복하고 싶으면 기분이 좋아야 한다. 이처럼 행복은 어느 한순간의 기분을 묻는 말이다. 그런데 행복은 기분이 좋은 만큼 깊어진다. 편안함을 느낄 때의 행복과 즐거움을 느낄 때의 행복, 황홀함을 느낄 때의 행복이 다르다. 즐거움과 황홀함을 느낄 때 기분은 훨씬 좋아지는데 이때 느끼는 행복은 말로 표현할 수 없을 정도다. 이때 우리는 이유 없고 조건 없는 행복을 경험한다. 결국 행복은 기분에 달렸다. 기분이 얼마나 좋은지에 따라 행복이 결정된다.

그래서 우리는 행복을 위해 기분을 의식적으로 관리해야 한다. 방법은 좋은 기분은 늘리고 나쁜 기분은 줄이는 것이다. 좋은 기분을 늘리기 위해서는 기분 좋은 생각을 자주 하고, 기분 좋은 감정을 틈틈이 깨우는 것이 필요하다. 특히 생각이 중요하다. 요즘처럼 한 치 앞을 내다보기 힘든 불확실한 미래에서 불안감과 두려움, 걱정이 밀려올 때마다 어려움을 이겨낼 수 있다는 기분 좋은 생각을 해야 한다. 기분 좋은 생각을 하면 기분이 좋아지고 기분이 좋아지면 기분 좋은 생각이 계속 떠오른다. 좋은 기분의 선순환이다. 그리고 기분 나쁜 일이 생겼을 때도 최대한 기분 좋은 방향으로 생각을 전환하면 좋다. 지금의 기분을 조금이라도 좋게 하는 생각을 하는 것이다. 그러면 좋은 기분을 지키면서 행복을 키울 수 있다. 이렇게 기분을 좋게 하는 생각전환습관을 들이면 기분 나쁜 일을 심각하게 받아들이지 않고 나쁜 기분에 끌려다니지도 않는다. 이런 작은 습관 하나가 기분을 결정하고 행복을 결정한다.

또한 시각·청각·촉각·미각·후각의 오감을 통해 느껴지는 되는 기분 좋은 감정들을 불러내는 것도 기분을 좋게 하는 데 큰 도움이 된다. 편안함과 따뜻함, 부드러움, 촉촉함 등 오감으로 전해지는 기분 좋은 감정은 기분을 빠르게 좋게 한다. 우리는 기분 좋은 감정들을 다양하고 깊게 느낄 수 있는 능력이 있다. 이 능력이 사라지지 않도록 감각을 통해 그 감정들을 하나하나 진하게 느낄 때 다른 감정들도 풍부하게 느낄 수 있다. 감정을 진하고 풍부하게 느껴야 행복이 깊어진다. 기분 좋은 감정을 느끼며 못하면 그때부터 몸과 마음이 늙는다. 특히 스트레스가 심해 마음이 힘들 때 오감을 통해 기분 좋은 감정을 느끼면 스트레스가 완화되고 마음이 한층 편해진다. 스트레스도 결국 기분 나쁜 생각들이 연달아 떠오를 때 커지기 때문에 기분 나쁜 생각을 효과적으로 다루는 게 중요하다. 스트레스는 기분 나쁜 생각들이 머릿속에 꽉 들어차 기분 좋은 감정을 느낄 수 없게 한다. 이때 감각을 열어 감정의 숨통을 틔우면 기분 나쁜 생각들이 풀려나고 스트레스는 가라앉는다. 우리는 기분 좋은 감정 하나면 행복할 수 있다. 하나의 기분 좋은 감정만 있어도 기쁨을 느낄 수 있다.

　나쁜 기분을 줄이기 위해서는 기분이 나빠지는 순간을 빨리 알아차리고, 기분을 전환하기 위한 나만의 기분업 루틴을 만들면 좋다. 언젠가 가수 아이유가 기분이 나빠질 때 몸을 움직여 기분을 좋게 한다고 했는데 아주 좋은 방법이다. 무엇보다도 나쁜 기분을 당연하게 받아들이지 않는 것이 중요하다. 나쁜 기분을 습관화하는 것이 가장 위험하다. 기분이 나쁜 것은 정상이 아니다. 그것은 생각이나 감정을 바꾸라는 마음의 신호일 뿐이다. 기분이 나쁠 때를 서둘러 알아차리고 다양한 방법으로 기분을 전환해야 한다. 이렇게 기분을 관리할 때 우리는 더 행복하고 더 깊은 만족감을 느낄 수 있다.

〈기분이 좋아지는 마법의 한 마디〉

좋은 기분을 느끼지 못할 때 몸과 마음이 늙기 시작해요.

좋은 기분을 느끼면 몸도 마음도 젊어져요.
감성과 창의력이 깨어나요.

불행하고 답답한 일들이 반복되는 이유

　　전라남도 함평에서 목회활동을 하는 친구가 있다. 친구는 목회활동을 하면서 심리상담사자격증을 취득해 교인들에게 무료로 심리상담을 해주고 있다. 친구는 오래전, 전주에서 열렸던 음악축제에서 같이 일을 하면서 알게 됐는데 마음이 따뜻하고 정이 많아 금세 가까워졌다. 그 후 내가 서울의 공연장에서 일할 때 친구가 심리상담을 공부하기 위해 서울에 오면 같이 밥을 먹으면서 음악과 감정에 대해 많은 이야기를 나누곤 했다.

　　어느 날, 친구와 오랜만에 통화를 하면서 이런저런 이야기를 나누었다. 그러던 중 자신이 최근에 상담한 20대 교인을 잊을 수 없다며 기분을 연구하는 입장에서 조언을 해달라고 했다. 그러면서 상담한 이야기를 간단하게 들려줬다. 연애상담을 받고 싶다며 찾아온 교인은 자신에게 왜 반복적으로 폭력적이고 거친 남자들만 다가오는지, 무엇 때문에 그런 남자들 하고만 연애를 하게 되는지 모르겠다고 했다고 한다. 그러면서 그런 남자들을 만나 몸과 마음에 상처를 많이 받아 힘들다고 하면서 이제 어떤 남자를 만나야 할지 모르겠다면서 눈물을 흘렸다고 한다.

사실 이 교인처럼 우리에게는 안 좋은 일들이 반복적으로 일어나는 경향이 있다. 비슷한 사건이나 상황들 연속적으로 발생하고 언젠가 경험했던 일들이 끊이질 않고 생긴다. 나에게도 그런 일이 있다. 나는 직장을 옮겨 새로운 회사에 가거나 어떤 모임이나 회의에 가면 꼭 자신밖에 모르는 이기적인 사람을 만난다. 타인을 위해 배려할 줄도 모르고 자신의 자존심만을 앞세워 다른 사람들은 안중에도 없는 것처럼 행동하는 사람이다. 그런 사람들을 보면 나는 무의식적으로 예민해진다. 화를 내기도 하고 어떤 경우에는 얼굴을 앞에 두고 큰 소리로 쏘아붙이기도 한다. 신기한 것은 어딜 가도 이런 사람들을 만난다는 것이다. 또 만날까 걱정이 될 정도다.

이런 일들이 도대체 왜 일어나는 것일까? 그것은 평상시에 어떤 대상이나 상황에 대해 기분 나쁜 생각을 자주, 깊이 하기 때문이다. 그 대상이나 상황을 무의식적으로 기분 나쁘게 생각하고 기분 나쁜 감정에 뿌리 깊이 얽매여 있기 때문이다. 그래서 그 대상이나 상황을 생각할 때마다 자동적으로 두려움과 공포심, 분노, 증오 등의 기분 나쁜 감정을 느끼게 된다. 자신도 모르는 사이에 그런 감정들이 솟구친다. 그러다 보니 생각과 감정의 작용에 따라 어딜 가든 그와 유사한 대상이나 상황들이 시간과 장소를 뛰어넘어 자석처럼 끌려다닌다. 마음속에 각인된 기분 나쁜 생각이 기분 나쁜 감정을 통해서 현실에서 반복적으로 나타나는 것이다. 이처럼 기분 나쁜 생각이든 기분 좋은 생각이든 생각의 힘은 무척 세다. 생각을 할 때마다 어떤 감정을 깊이 느낀다면 생각은 언제든 현실로 드러날 수 있다. 하나의 생각이 감정과 결합되면 생각과 비슷한 일들이 계속 일어난다.

이럴 때는 가장 필요한 건 그 대상이나 상황을 기분 나쁘게 생각하지 않는 것이다. 그리고 기분 나쁜 감정을 놓아버리는 것이다. 목회활동을 하는 친구의 사례에서 보듯이 젊은 교인은 가족관계에서든 연인관계에서든 폭력적이고 거친 남자를 만난 과거의 경험 때문에 깊은 상처를 받았을 것이다. 그래서 두려움과 공포심을 깊이 느끼면서 자주 그 생각을 했을 것이다. 이런 기분 나쁜 생각과 감정이 마음에 응어리로 남아 남자를 생각하면 상처받았던 옛날의 생각이 떠오르고 기분 나쁜 감정이 강하게 밀려온다. 그래서 현실에서 그런 상황들이 반복되는 것이다. 또한 무의식적으로 그런 생각을 자주 하다 보니 그런 남자들에게 끌리기도 한다. 나의 경우에도 이기적인 사람에 대한 뿌리 깊은 적대감과 분노가 마음에 깔려 있는 상태에서 어딜 가든 이기적인 사람에 대한 생각을 하니까 비슷한 현실이 되풀이된다.

최근 판교의 게임회사에서 임원으로 일하다가 회사가 공중 분해돼 실직한 친구를 만났다. 술을 마시면서 속 깊은 이야기를 오랫동안 나눴다. 나는 친구에게 그 회사에서 경험했던 기분 나쁜 생각과 감정을 비워야 새로운 직장에서는 그런 일이 벌어지지 않을 것이라고 말했다. 우리는 안 좋은 일과 답답한 현실이 반복되는 세상에 살고 있다. 피하고 싶어서 자리를 옮겼는데 똑같은 일이 벌어지는 현실, 난감하고 괴롭다. 이 모든 게 생각과 감정의 작용이라는 것. 그래서 우리는 어떤 대상이나 상황에 대해 편안하고 좋은 기분을 느끼면서 마음의 상처와 응어리를 치유해야 한다. 기분 나쁜 감정을 치유하지 않으면 현실은 반복된다. 우리는 매 순간 기분과 감정에 어울리는 일들을 끌고 다닌다.

좋은 기분은 에너지를 충전해준다

"기분이 좋아서 그런지 몸도 덜 지쳤던 것 같아요."

카타르 월드컵에서 수비수로 맹활약을 한 국가대표 축구팀의 김영권 선수가 월드컵을 마치고 국내로 돌아와 방송사와 인터뷰한 내용이다. 월드컵에서 안정적인 수비는 물론 포르투갈전에서 골까지 터뜨리며 16강을 이끈 김영권 선수는 좋은 기분이 체력에도 긍정적인 영향을 미쳤던 것 같다고 이야기했다. 기분의 힘을 정확하게 알고 있는 김영권 선수의 말처럼 기분은 우리 몸과 마음에 즉각적이고 심대한 영향을 미친다.

기분은 우리가 생각하는 것 이상으로 몸과 마음에 큰 영향을 미친다. 먼저 좋은 기분은 몸과 마음에 에너지를 충전시킨다. 그래서 기분이 좋아지면 몸에 에너지가 들어온 듯 힘이 솟고 활력이 살아나고 생기가 돈다. 몸이 가벼워진 것 같으면서 생동감이 넘친다. 좋은 기분은 몸속에 에너지를 돌게 해 기혈순환과 혈액순환에도 긍정적인 영향을 미친다. 그리고 우리 몸에 반드시 필요한 생리작용과 대사작용을 좋게 한다. 이에 따라 면역력과 치유력이 회복돼 감기도 덜 걸리고 걸려도 빨리 낫게 만든다. 우리가 가지고 있었던 본연의 생명력을 깨우는 것이다. 그리고 좋은 기분은 체력도 상승시킨다. 기분이 좋아지면 없던 힘도 생겨나 체력이 좋아지고, 기분이 나빠지면 있던 힘도 사라져 금방 지친다. 운동선수들에게 강조되고 있는 멘탈관리도 어려운 상황에서 좋은 기분을 유지하면서 남은 체력을 극대화시키는 게 관건이다. 이처럼 좋은 기분은 우리 몸에 굉장히 유익하다. 특히 몸이 아픈 사람들은 기분관리에 더욱 신경을 써야 한다. 몸을 건강하게 하는 에너지는 기분을 타고 흐르기 때문이다. 최대한 편안하고 좋은 기분을 느끼면서 에너지를 받아들여 생명력이 살아날 수 있도록 해야 한다.

좋은 기분을 통해 마음에 에너지가 충전되면 마음에도 힘이 생긴다.

마음에 힘이 생기면 마음이 단단해져 쉽게 무너지지 않는다. 멘탈이 강해진다는 뜻이다. 멘탈이 강해지면 기분 나쁜 상황에서도 자신의 기분을 지키며 나쁜 기분에 휘둘리지 않는다. 나쁜 기분 속에서도 평정심을 느낄 수 있는 능력이 좋아진다. 멘탈이 강할 때 위기나 어려움을 수월하게 이길 수 있다. 에너지를 통해 마음에 힘이 생기면 일상생활에서 나쁜 기분을 덜 느끼고 나쁜 기분에 깊이 빠져들지 않는다. 기분 나쁜 감정을 경험해도 마음이 아프거나 괴롭지 않으며 나쁜 기분에서 좋은 기분으로 빠르게 전환할 수 있다. 또한 평범한 삶 속에서 좋은 기분을 더 자주, 더 깊이 느낄 수 있다. 소소한 일에도 감동을 하고 감사함을 느낀다. 열정과 자신감 같은 기분 좋은 감정도 살아나 스트레스에 대한 저항력이 커진다. 스트레스의 원인인 기분 나쁜 생각이 줄어드는 대신 기분 좋은 감정이 솟구쳐 걱정과 근심, 두려움 등이 사라진다. 반면 기분이 나빠지면 모든 걸 심각하고 암울하게 생각해 스트레스가 더 심해지는 것을 경험할 수 있다. 하나의 기분 나쁜 생각으로 시작된 스트레스가 나쁜 기분의 영향으로 생각과 감정을 모두 부정적으로 물들여 마음을 압도한다. 번아웃 증후군의 출발이다.

이처럼 좋은 기분은 몸과 마음에 에너지 충전기 역할을 한다. 몸과 마음에 에너지가 채워지면 몸은 건강해지고 마음을 굳건해진다. 이러면 삶의 수용성과 창조성, 동시성이 높아진다. 수용성이란 현실을 기분 좋은 감정으로, 긍정의 관점으로 받아들이는 능력이다. 수용성이 높아지면 현실에 대해 불평하는 대신 현실을 감사하게 받아들인다. 현실을 있는 그대로 수용하고 소중하게 여긴다. 만족스럽지 않은 현실이라도 현실에서 좋은 기분을 느껴야 현실의 상황들이 기분 좋게 바뀐다. 좋은 기분을 통해 몸과 마음에 에너지가 들어차면 창조성이 높아진다. 이때 창조성은 삶을 자신의 생각과 의도대로 창조할 수 있는 힘이다. 기분이 좋아질수록 그 힘은 더 강해져 좋은 기분 속에서 생각했거나 의도했던 일들이 현실로 빠르게 드러난다. 원하는 일을 현실화시키는 힘이 커진다.

좋은 기분으로 몸과 마음에 에너지가 차오르면 동시성을 발견하게 된다. 어떤 생각을 하면 그 생각과 어울리는 우연한 일들을 발생한다. 예전에 직장생활 하면서 직장을 옮겨야겠다는 생각을 계속했다. 새로운 직장에서 기분 좋게 지내는 모습을 상상하던 어느 날, 상쾌한 기분으로 외근을 나갔는데 그곳에서 우연히 어떤 사람을 만나 옮기고 싶은 직장에 대한 정보를 자세하게 들을 수 있었다. 그걸 계기로 나는 새로운 직장으로 이직할 수 있었다. 또 한 번은 삶의 전환점을 찾고자 뉴질랜드 여행을 가서 기분 좋은 상태로 배낭여행을 하고 있었다. 삶의 기로에서 어떤 결정을 내려야 할지를 찾기 위한 여행이었는데 거기서 뜻밖에 친하게 지냈던 지인을 만날 수 있었고 그 지인과의 대화에서 힘을 얻어 멋진 결정을 할 수 있었다. 이처럼 좋은 기분은 몸과 마음에 에너지를 충전시키는 것은 물론 삶의 수용성과 창조성, 동시성을 높인다. 삶을 더 만족스럽고 기쁨이 넘치도록 이끈다.

기분이 좋을 때 우리는 태양처럼 빛난다

최근 사무실에 눈이 많이 내려 직원들과 눈을 치웠다. 영화 10도 이하의 매서운 한파 속에서 내린 눈이라 빨리 치우지 않으면 바로 얼어버릴 것 같았다. 특히 진입로와 주차장에 많은 눈이 쌓였다. 진입로가 워낙 길어서 최대한 치운다고 애를 썼지만 손길이 닿지 않는 곳이 있었다. 하는 수 없이 그곳에는 모래와 염화칼슘을 뿌리고 작업을 마무리했다. 진입로의 나머지 구간과 주차장은 말끔해졌다.

눈을 치운 다음 날, 출근해 점심을 먹으려고 밖으로 나가는데 어제 눈을 치우지 못한 진입로 구간이 깨끗해졌다. 눈이 내린 흔적을 찾을 수가 없었다. 누가 와서 치운 것도 아닌데 눈이 모두 사라진 것이었다. 그날도 영하 10도를 맴도는 추위가 이어졌던 하루. 눈이 사라진 이유는 오래되지 않아 밝혀졌다. 바로 태양 때문이었다. 날이 아무리 추워도 태양이 비추면 눈이 녹는다는 것을 새삼 깨달았다. 태양의 에너지는 대단하다. 추위가 닥치고 눈보라가 휘몰아치고 비바람이 불어도 태양이 비추는 곳에는 눈이 녹고 싹이 돋고 꽃이 피고 열매가 맺는다. 가장 뜨거운 에너지가 생명을 틔우고 생명에 온기를 전한다.

우리에게도 이처럼 가장 빛나는 순간이 있다. 태양처럼 빛나고 햇살처럼 눈부신 순간이다. 자신에게서 뜨거운 에너지가 가득 뿜어져 나와 주위 사람들, 주변의 분위기를 밝게 물들인다. 덩달아 주위 사람들의 기분도 좋아지고 분위기도 환해진다. 자신은 모를 수 있지만 주위 사람들은 눈치를 채고 그 에너지에 호응한다. 싸이의 콘서트 현장을 보면 엄청난 열기와 희열을 느낄 수 있다. 특히 싸이의 히트곡 중에 〈예술이야〉가 나올 때 객석의 분위는 절정으로 달아오른다. 이 노래는 가사가 말해주듯 기분을 미치도록 좋게 만드는 곡이다. 지금 죽어도 여한이 없을 정도로 극한의 환희를 깨우고 심장이 터질 듯 한 감정을 샘솟게 한다. 싸이가 이

노래를 부를 때 관객들은 모두 일어나 떼창을 하면서 가장 좋은 기분을 온몸으로 표현한다. 행복을 넘어선 무아지경의 기분 좋은 감정이다. 그 순간 관객들은 기분이 너무 좋아 어쩔 줄 모른다. 이런 기분을 처음 느껴 본 것처럼 가장 기쁜 웃음을 짓고 때론 너무 기쁜 나머지 울음을 터트리기도 한다. 그때 관객들은 자신을 둘러싼 현실의 어려움, 걱정과 스트레스를 완전히 잊어버린다. 막막한 미래에 대한 불안감도 인간관계에서 오는 짜증과 분노도 눈 녹듯 사라진다. 오직 깊은 황홀함을 느끼며 지금 이 순간에만 존재한다. 과거도 미래도 아닌 현재를 살고 있는 것이다. 그때 우리는 가장 순수하고 가장 아름답고 가장 나다운 순간이 된다. 그리고 자신이 온전히 살아 있다고 느끼면서 가장 빛나는 순간이 된다.

이처럼 기분이 가장 좋을 때 우리는 태양처럼 빛난다. 태양처럼 뜨겁고 햇살처럼 눈부신 존재가 된다. 그 순간이 되면 우리는 주변의 모든 것이 기분 좋게 느껴진다. 바람이 불어 나뭇가지가 흔들리면 그 흔들림이 나를 응원하는 손길로 느껴지고, 촉촉하게 내리는 비는 나의 먼지를 씻겨주는 생명수처럼 느껴진다. 아무렇지도 않던 집 앞 가로등의 불빛은 나를 지켜주는 사랑의 불빛 같고, 지나가는 아이의 미소가 천사의 미소처럼 느껴진다. 기분이 가장 좋아지면 주변의 모든 것이 사랑스럽고 아름다워 보인다. 이렇게 기분이 가장 좋을 때 우리는 가장 빛나고 뜨겁다. 그 순간의 좋은 기분은 주위 사람들에게도 그대로 전달돼 사람들에게 깊은 행복을 선사한다.

태양이 눈을 녹이고 꽃을 피우는 것처럼, 좋은 기분은 괴로움과 절망을 녹이고 행복을 피운다. 여기서 기분이 더 좋아지면 마음 깊이 남아 있던 상처와 응어리가 치유되면서 숭고한 사랑의 감정이 깨어난다. 주위 사람들과 사랑을 나누고 아픔을 함께한다. 이렇게 기분이 가장 좋을 때 그 속에서 느껴지는 열정과 영감을 통해 자신이 가야 할 길을 직감으로 느낀다. 또한 자신이 가지고 있던 모든 잠재력과 능력들이 깨어난다. 가장 좋은 기분은 분주한 일상생활 속에서 금방 잊히겠지만 언제든 다시 꺼낼 수 있다. 좋은 기분은 느끼면 느낄수록 깊어지고 풍부해진다. 힘들고 괴로울 때가 좋은 기분이 필요한 순간이다. 우리는 지금 좋은 기분을 간절하게 원하고 있다. 기분을 나쁘게 하는 것들이 넘쳐나는 현실에서 좋은 기분은 행복을 위한 한 줄기 희망의 빛이다. 기분이 가장 좋을 때 우리는 태양처럼 빛난다.

〈기분이 좋아지는 마법의 한 마디〉

기분이 가장 좋을 때

우리는 가장 빛나고 아름답고

눈부신 존재가 돼요.

좋은 기분에도 부작용은 있다

최근 마약문제가 심각하다. 마약 청정국으로 인식되던 우리나라에서 마약이 급속도로 확산되고 있다. 특히 젊은 층은 물론 청소년들까지 마약에 손을 대고 있다니 우려할 만한 수준이다. 예전에는 일부 사람들에게서 은밀하게 유통되던 마약이 이제는 공공장소에서 버젓이 거래되고 있고, 마약을 찾는 사람들도 다양해져 어디서든 쉽게 마약을 구할 수 있는 사회가 됐다. 단속이 느슨해진 게 원인이라며 정부가 대대적인 단속을 하고 있어 마약문제가 가라앉을지 주목된다. 이렇게 마약이 급속도로 퍼진 건 분명 단속을 철저하게 하지 않았기 때문일 것이다. 그런데 기분을 연구하는 사람의 입장에서 보면 좀 더 본질적인 문제가 있는 것은 아닐까 생각된다.

마약은 기본적으로 가장 쉽고 빠르게 기분을 좋게 하는 물질이다. 기분을 순식간에 최대치로 끌어올린다. 마약을 하는 사람들은 불안감과 괴로움 등 기분 나쁜 감정을 잠재워 좋은 기분을 최대한 신속하게 느끼기 위해 마약에 손을 댄다. 그것도 그냥 좋은 기분이 아니라 황홀함에 가까운 가장 좋은 기분이다. 마약은 기분 나쁜 감정이 느껴지도록 하는 감각을 마비시킨다. 그래서 마약에 빠지면 의식이 몽롱해지고 감각은 무뎌져 현실이 환상처럼 느껴진다. 천국에 온 것처럼 기분이 좋아지고 구름 위에 떠 있는 듯 망상에 잠긴다. 꿈에서나 볼법한 일들이 현실에서 발생한 것 같아 기분이 황홀해진다.

이처럼 마약은 외부의 자극을 통해 기분을 가장 빠르고 가장 강렬하게 높은 수준으로 끌어올린다. 이것은 그만큼 많은 사람들이 기분이 나쁜 상태로 살아가고 있다는 뜻이다. 경제적인 상황이 좋으면 좋은 대로, 나쁘면 나쁜 대로 각자의 삶 속에서 느끼는 기분 나쁜 감정의 골이 너무도 깊다. 코로나19의 장기화와 경기침체에 따른 시기적인 문제일 수도 있고 대륙적인 환경에서 오랫동안 살아온 우리나라 사람들의 기질적인 문제일 수도 있다. 이렇게 기분 나쁜 감정에 휩싸여 나쁜 기분을 느끼며 하루하루를 힘겹게 보내고 있는 사람들이 우리나라 사람들이다. 직장에서도 학교에서도 그렇고 심지어 초등학교 어린이들의 기분도 상당히 나쁘게 바뀌고 있다. 그래서 나쁜 기분의 탈출구로 마약을 선택한다. 그러나 후유증이 너무 크다.

마약에 한번 손을 대면 점점 더 강한 자극을 원하게 된다. 좀 더 빠르고 강력하게 기분을 좋게 하고, 기분을 황홀하게 만드는 자극을 찾는다. 마약의 중독이다. 결국 더 뜨거운 기분을 원하게 되고 더 센 환각물질에 목숨을 건다. 마약을 통해서 좋은 기분을 탐닉하려는 것처럼 좋은 기분에 집착하는 사람들도 늘어나고 있다. 좋은 기분만을 느끼고 싶고, 기분 좋은 감정만을 즐기고 싶어 한다. 인간이면 누구나 누리고 싶은 욕심이지만 우리가 사는 삶 속에는 불가능한 일이다. 우리에게는 매 순간 의도했던, 의도하지 않았던 기분 나쁜 일들이 벌어진다. 기분 나쁜 감정을 느끼게 하는 일들이 늘 발생해 기분이 나쁘고 마음은 힘들다.

이렇게 좋은 기분만을 집착할 때 여러 가지 부작용이 발생한다. 먼저 사소한 일에도 기분이 나빠지고 나쁜 기분에 쉽게 흔들린다. 아무것도 아닌 가벼운 일에 감정조절이 안 돼 흥분하고 충동적으로 행동한다. 나쁜 기분에 대한 저항력이 떨어져 나쁜 기분 자체를 참지 못한다. 쉽고 분노하고 쉽게 의심하고 쉽게 폭발한다. 그리고 기분이 나쁠 때 샘솟는 열정과 열망을 잊어버린다. 어떤 상황 속에서 기분이 나빠지면 그 상황을 벗어나고자 하는 열정과 열망 등의 감정이 자연스럽게 생기기 마련인데 이런 기분 좋은 감정을 느끼지 못하니 건강한 사회생활을 할 수가 없다. 기분이 나쁘다는 것은 좋은 기분을 느낄 수 있는 절호의 기회이고, 기분 좋은 감정이 깨어날 수 있는 최고의 시간이다. 우리는 이런 좋은 기분과 기분 좋은 감정을 통해 행복을 느끼고 원하는 삶을 향해 나갈 수 있다.

그리고 좋은 기분만을 집착할 때 좀 더 강한 자극을 찾게 된다. 입에 달라붙는 자극적인 음식만 찾는 사람이 더 자극적인 음식만을 원하는 것처럼 기분도 마찬가지다. 더 강한 감정의 자극을 찾으며 자극적인 즐거움만을 쫓을 때 소소한 행복을 느낄 수 없고 평온한 일상은 금이 간다. 몸과 마음을 상하게 하는 외부의 자극과 충격에 좋은 기분을 의존할수록 감정의 균형이 무너져 허무함과 공허함만 남는다. 몸과 마음도 만신창이가 된다. 우리는 좋은 기분만을 느끼며 살 수 없다. 더 강한 자극으로 더 좋은 기분을 집착할 때 오히려 좋은 기분을 느낄 수 없다. 향기롭고 포근하고 산뜻한 수많은 기분 좋은 감정들이 사라지면서 좋은 기분이 메말라 간다. 나쁜 기분을 통해 좋은 기분을 느끼고, 좋은 기분을 통해 나쁜 기분이 줄어드는 이 기분을 상호작용이 이해해야 한다. 기분 나쁜 감정 속에 나를 가장 빛나게 할 기분 좋은 감정이 기다리고 있다. 좋은 기분만을 원한다면 마음이 금방 허물어지고 약해진다. 행복을 찾을 수 없음은 물론이다.

좋은 기분 만큼 나쁜 기분이 줄어든다

우리는 나쁜 기분을 해소하기 위해 엄청난 돈과 시간을 쏟아붓는다. 스트레스를 해소하기 위해, 스트레스라는 기분 나쁜 상태를 벗어나기 위해 막대한 에너지를 소비한다. 게임을 하고 술을 마시고 노래를 부르고 여행을 가고 골프를 치고 친구를 만난다. 이 모든 것이 나쁜 기분에서 벗어나기 위해서다. 나쁜 기분에서 벗어나야 좋은 기분을 느낄 수 있기 때문이다. 우리는 기분이 조금이라도 좋아져야 살 수 있다. 좋은 기분을 잠시라도 느껴야 스트레스를 풀고 살아갈 에너지를 얻고 기분 나쁜 감정을 잊을 수 있다. 나쁜 기분을 제때 해소하지 못하면 나쁜 기분과 기분 나쁜 생각이 반복돼 삶이 고통스러워진다. 이렇게 우리는 나쁜 기분에서 벗어나기 위해 매일 발버둥을 친다.

그런데 우리는 나쁜 기분을 서둘러 없애는 것에 집중할 뿐 좋은 기분을 느끼는 데는 소홀하다. 좋은 기분을 느끼는 것을 중요하게 생각하기보다 나쁜 기분을 해소하는 데 급급하다. 그런데 나쁜 기분에 집중하면 할수록 기분만 더 나빠지고 마음만 힘들어진다. 나쁜 기분에 관심을 가질수록 나쁜 기분의 강도는 세진다. 좋은 기분이 마음에서 충분히 깨어 있어야 기분이 나빠져도 그 기분에 휘청거리지 않고 나쁜 기분에 깊이 빠져들지 않는데, 나쁜 기분을 자극적으로 해소하는 데 신경을 쓰다 보니 나쁜 기분에 더 쉽게 무너진다. 그리고 공허함이 뒤따른다. 기분은 시소를 타듯이 좋은 기분을 느끼는 만큼 나쁜 기분이 줄어드는 법이다. 좋은 기분의 강도가 커지는 만큼 나쁜 기분의 강도는 약해진다. 그래서 나쁜 기분을 줄이기 위해서는 좋은 기분을 충분히 느껴야 한다. 특히 기분을 가장 나쁘게 만드는 감정인 모욕감과 분노, 절망 등의 감정은 기분이 가장 좋을 때 크게 완화된다. 또한 일상에서 경험하게 되는 실망과 짜증 등의 감정들도 편안하고 행복한 기분에서 대부분 사라진다. 이처럼 나쁜 기분은 좋은 기분을 통해 완화되고 가라앉는다.

이를 위해서는 결국 평소에 좋은 기분을 깊이 느껴야 한다. 좋은 기분을 깊이 느낀다는 것은 편안함과 즐거움의 감정을 넘어 기분을 가장 좋게 하는 환희와 황홀함의 감정을 잠깐이라도 경험해야 한다는 것이다. 이런 감정을 일상에서 조금이라도 맛본다면 매일 느끼는 기분 나쁜 감정이 상당히 줄어든다. 환희와 황홀감을 느끼며 기분이 가장 좋을 때 아무리 기분 나쁜 일이 벌어져도 그 상황을 심각하게 받아들이지 않고 극단적으로 생각하지 않는다. 가장 좋은 기분이 마음에 튼튼한 방어막을 형성해 기분 나쁜 감정이 스며들지 못하도록 막는다. 환희와 황홀함의 감정은 엄청나게 뜨거운 에너지를 내뿜는 감정으로 마음 깊이 자라 잡고 있었던 묵은 상처들, 오래된 아픔들, 씻기지 않은 고통을 치유한다. 트라우마와 콤플렉스의 치유에 반드시 이런 기분 좋은 감정들이 필요하다. 그것들이 치유될 때 마음은 좀 더 홀가분해지고 편안해진다.

기분을 가장 좋게 하는 감정이 아니더라도 생활 속에서 행복을 자주 느끼는 사람은 기분 나쁜 감정을 덜 느끼고 그런 감정에 덜 휘둘린다. 삶의 만족도가 높아지는 것은 당연하고 타인과의 관계도 원만해진다. 타인의 감정을 세심하게 알아차리기 때문이다. 즐거움과 재미의 감정처럼 일순간 좋은 기분을 깨우고 오래 지나지 않아 사라지는, 마음의 표면을 건

드리는 감정이 아니라 마음의 깊은 곳인 심연을 울리게 하는 감정인 행복과 기쁨을 자주 느껴야 한다. 그 감정을 느낄 때 자신이 몸과 마음의 존재로서 온전히 살아 있다고 느껴지고 삶이 답답하거나 보잘것없게 생각되지 않는다. 그 가운데 기분 나쁜 감정이 느껴져도 마음이 아프거나 고통스럽지 않다. 스트레스를 자주 받는다는 이야기도 결국 행복하지 않다는 뜻이다. 기분 좋은 감정을 자주 느끼지 못한다는 말이다.

우리는 좋은 기분을 깊이 느끼지 못한 채 살고 있다. 기분이 가장 좋은 순간을 경험하지 못하고 겨우 살아가고 있다. 우리가 평소에 느끼는 좋은 기분이 편안함과 즐거움 정도의 감정이라면 삶의 신비로움은 크지 않을 것이다. 아울러 그런 감정은 기분 나쁜 감정에 취약한 마음 상태를 보여준다. 그 감정보다 좀 더 좋은 기분을 느껴 기분이 좋을 때 우리는 기분 나쁜 감정에 대응하는 강력한 마음의 면역력과 회복력을 갖추게 된다. 그리고 삶의 재미와 신비로움을 한껏 경험할 수 있다. 우리에게는 좋은 기분을 깊고 다양하게 느낄 수 있는 능력이 있다. 그 능력의 차이가 행복의 차이와 삶의 차이를 만든다. 좋은 기분을 느끼는 만큼 나쁜 기분이 줄어들고, 좋은 기분을 느끼는 만큼 행복과 삶의 만족도는 커진다. 이제 나쁜 기분을 해소하기 위해 몸부림치기보다 좋은 기분을 느끼는 데 힘을 써야 한다.

〈기분이 좋아지는 마법의 한 마디〉

좋은 기분을 느끼는 만큼 나쁜 기분이 사라져요.

그러니 좋은 기분을 자주, 깊이 느껴봐요.

나쁜 기분에서 벗어날 수 있어요.

조금은 이기적으로 살아도 된다

사회생활을 하다 보면 꼭 이런 사람을 만나게 된다. 직장에서도 마찬가지고 모임이나 학교에서도 마찬가지다. 어디서든 무대의 주인공이 자신이며 자신이 가장 빛나야 한다고 생각하는 사람이다. 자신을 누구보다 중요한 존재로 생각하면서 다른 사람들보다 더 대접을 받아야 한다고 주장한다. 그래서 언제나 자신의 입장만을 생각하고 자신의 일이 최우선이라고 여기는 사람이다. 이런 사람들은 남을 전혀 배려하지 않는다. 다른 사람을 위해 양보하는 일도 없다. 약삭빠르고 얄밉게 느껴지는 사람. 우리가 이기적이라고 부르는 사람이다.

이런 사람들에게는 몇 가지 특징이 있다. 일단 입으로만 일을 한다. 온갖 핑곗거리를 만들어 몸은 움직이지 않으면서 말로 넘어가려 한다. 그리고 자신의 이해관계에 따라 태도가 돌변하고, 자신의 목적을 위해서라면 물불을 가리지 않는다. 또 자신의 이익은 어떻게 해서든 끝까지 지키려고 하면서 자신의 이익이 침해당하면 타인에 대한 험담과 비방을 늘어놓는다. 이런 사람이 조직에 있으면 분위기가 어두워지고 흐트러진다. 구성원들이 서로를 경계하고 의심하며 파벌을 만들기도 한다.

그런데 사실 우리는 조금씩은 이기적이다. 자신이 가장 예민하게 생각하는 부분이나 가장 필요하다고 여기는 것에 대해 자신의 것을 지키기 위해 과민하게 노력한다. 다른 사람의 시선을 개의치 않으면서 말이다. 재미있는 것은 우리 마음에는 이기심과 이타심이 동전의 양면처럼 존재한다는 것이다. 그래서 이기심이 강해지면 이타심이 줄어들고, 이기심이 줄어들면 이타심이 커진다. 그런데 여기서 짚고 넘어가야 할 것은 이기심과 이타심 모두 기분에 따라 변한다는 것이다.

우리는 기분이 좋으면 이타적인 사람이 되고 기분이 나쁘면 이기적인 사람이 된다. 즐거움과 행복, 기쁨 등의 기분 좋은 감정을 느끼면 이타적인 사람이 되고, 분노와 절망, 무기력함 등의 기분 나쁜 감정을 느끼면 이기적인 사람이 된다. 질투와 시기, 부러움의 감정을 느낄 때 우리는 더욱 이기적으로 돌변한다. 이런 감정들이 기분을 극도로 나쁘게 하고 마음을 위축시켜 자신의 이익에 집착하도록 만든다. 모든 기분 나쁜 감정은 우리를 이기적으로 만들고 욕심을 부리게 한다.

그런데 우리는 삶을 살아가면서 조금은 이기적이어도 되는 순간이 있다. 남을 배려하고 남에게 양보하기보다는 자신을 먼저 배려해야 할 때다. 바로 자신의 좋은 기분을 지켜야 하는 순간이다. 이때는 조금은 이기적으로 행동해도 괜찮다. 물론 다른 사람에게 피해를 주지 않는 선에서 말이다. 우리는 자신의 좋은 기분을 지키고, 좋은 기분을 더 깊게 느끼기 위해 좀 더 용기를 내야 한다. 좀 더 과감해져야 한다. 그러기 위해서 나쁜 기분으로부터 적극적으로 자신을 방어해야 한다. 나쁜 기분이 느껴지거나 느껴질 수 있는 업무나 활동, 지시에 대해 단호하게 거부해야 한다. 나쁜 기분을 느끼면서도 묵묵히 참고 버티기보다는 확실하게 의사표시를 해야 한다. 이런 행동이 비록 다른 사람들에게는 이기적으로 보일지 몰라도 자신을 지키는 길이고 자신의 행복을 보듬는 일이자 멀리 보면 다른 사람들을 위해서도 좋은 일이다.

그것은 일이나 인간관계 등 우리 삶과 관련된 모든 것에 대해서도 마찬가지다. 나쁜 기분을 안겨주는 그 어떤 것이라도 솔직하고 표현하고 적극적으로 행동해야 한다. 부당한 희생을 강요하거나 불합리한 헌신이나 대가를 요구하며 기분이 짓밟힐 때 단호하게 거부해야 한다. 만약 거부할 수 없는 상황이라면 나쁜 기분을 최소화할 수 있는 안전장치를 요구해야 한다. 나쁜 기분이 조금이라도 줄어들 수 있도록 업무나 행동을 조정해달라고 요청하거나 그것도 안 된다면 나쁜 기분이 느껴질 때 이를 완화할 수 있는 자신만의 행동을 해야 한다. 좋은 기분을 깊게 느껴 나쁜 기분을 빨리 해소하거나 나쁜 기분이 마음에 깊이 자리 잡지 못하도록 해야 한다.

좋은 기분을 스스로 지키지 못하면 좋은 기분은 쉽게 사라진다. 가족이나 연인이 아무리 기분을 좋게 해준다고 해도 자신이 기분의 주인이 되지 못한다면 좋은 기분은 오래가지 못한다. 좋은 기분은 자신을 통해서 느끼고 자신이 지켜야 한다. 일상에서 좋은 기분을 틈틈이 느끼지 못하면 나쁜 기분이 더 깊게 파고든다. 그래서 좋은 기분을 위해서는 조금은 이기적으로 행동해야 한다. 그리고 그런 이기적인 행동을 서로 이해해야 한다. 그래야 좀 더 행복한 사회로 나갈 수 있다.

〈기분이 좋아지는 마법의 한 마디〉

우울하고 무기력할 때,

두근거리는 심장의 리듬을 깨워요.
심장의 리듬만큼 열정이 살아나요.

좋은 기분이 불편하거나 낯설다면

동네에서 알고 지내는 후배는 좀처럼 좋은 기분을 느끼지 못한다고 했다. 맛있는 걸 먹어도 즐거운 음악을 들어도 기분이 좋아지지 않는다고 했다. 그래서였을까? 늘 우울하고 침울해 보였다. 기분이 좀처럼 나아지지 않으니 삶에 의욕도 재미도 없어 자신이 무엇을 해야 할지도 모르겠다고 했다. 그래서였을까? 대학을 졸업한 지가 꽤 흘렀는데 자신만의 일을 찾지 못하고 아르바이트를 하면서 생계를 이어가고 있었다. 몇 번 찾아간 그의 집은 그의 기분을 보여주듯 썰렁했다. 깔끔하게 정리돼 있었지만 후배의 생각과 감정을 느낄 수는 없었다. 후배는 정신과 상담을 받으면서 무속인에게도 도움을 받는 것 같았다. 특별히 몸이 아픈 것 같지도 않은데 마음에 어떤 문제가 있길래 좋은 기분을 느끼지 못하는 건지 내 마음도 아팠다.

이처럼 우리 주변에는 좋은 기분을 느끼지 못하는 사람이 의외로 많다. 재미있는 영화를 보거나 달콤한 음식을 먹거나 풍광이 아름다운 곳으로 여행을 가거나 신나는 무언가를 해도 좋은 기분을 느끼지 못한다. 기분 좋은 감정이 생겼다가도 바로 사라진다. 기분 좋은 감정이 좋은 기분을 깊이 깨워야 하는데 그러지 못하는 것이다. 삶에서 좋은 기분을 느끼지 못할 때 무척 괴롭고 힘들다. 긴 어둠의 터널에 갇힌 듯 희망도 없고 미래도 없는 것처럼 보인다. 절망에 갇혀서 한 걸음도 내딛을 수 없다. 이처럼 좋은 기분을 느끼지 못할 때 나쁜 기분만 계속 솟구치고 기분 나쁜 생각들만 떠오른다. 사소한 일에도 짜증이 나고 화가 치민다. 인간관계가 힘들어지는 것은 물론 원하는 삶을 향한 열망도 꽃피우기 어렵다.

우리 삶에서 좋은 기분은 꼭 필요하다. 있어도 그만 없어도 그만인 게 아니라 좋은 기분은 우리 삶에서 공기와 물처럼 반드시 있어야 한다. 좋은 기분을 느껴야 살아갈 힘이 생기고, 소소한 어려움과 갈등, 위기를 이겨낼 수 있다. 좋은 기분은 타인과의 감정공유도 원활하게 해 관계를 친밀하게 만든다. 반면 좋은 기분을 느끼지 못하면 의욕이 사라지고 무언가를 하고 싶은 감정 자체가 솟아나지 않는다. 무기력함과 우울함을 느끼면서 삶을 맥없이 흘려보낸다. 그럴 때 삶은 푸석거리고 방향 없이 흔들린다. 삶이 점점 고통스러워지고 모든 게 귀찮기만 하다. 이렇게 좋은 기분을 느끼지 못하는 것만큼 위험한 게 좋은 기분을 불편하고 낯설게 여기는 것이다. 좋은 기분 그 자체는 우리에게 무척 자연스러운 것인데 이를 생소하게 받아들인다. 심지어 좋은 기분을 두려워하기도 한다. 언제 기분이 좋았다가 나빠질지 모르니 좋은 기분을 아예 공포스럽게 바라본다. 좋은 기분이 느껴지는 것에 엄청난 부담을 느끼는 것이다. 좋은 기분이 느끼는 걸 부끄러워하거나 좋은 기분을 표현하는 걸 쑥스럽게 생각하는 것과는 차원이 다른 문제다. 좋은 기분이 불편하거나 낯설거나 혹은 좋은 기분을 두려워하면 우리는 그때부터 좋은 기분을 외면한다. 분명 좋은 기분이 느껴짐에도 불구하고 좋은 기분이 아닌 것처럼 무시하고 회피하고 거부한다. 좋은 기분에 대한 이런 태도가 행복을 달아나도록 만든다. 그리고 좋은 기분을 깨우는 기분 좋은 감정들을 메마르게 한다.

좋은 기분이 불편하고 낯설다는 건 반대로 나쁜 기분이 익숙하다는 말이다. 나쁜 기분이 자연스럽고 친숙하기 때문에 좋은 기분이 불편하고 낯설다. 이럴 때 가장 필요한 건 좋은 기분에 대한 거부감을 해소하는 것이다. 마음의 장벽을 허물어 좋은 기분이 자연스럽게 느껴지도록 해야 한다. 그러기 위해서는 먼저 편안한 기분을 자주 느껴야 한다. 나쁜 기분이 갑자기 줄어들기는 어렵다. 그래서 반드시 나쁜 기분과 좋은 기분의 중간 단계의 감정인 편안함을 느끼면 좋다. 편안함이라는 감정을 통해서 나쁜 기분에서 좋은 기분으로 다가설 수 있다. 편안함을 자주 느끼다 보면 감각이 열리고 예민해져 즐거움과 행복 등의 기분 좋은 감정을 만날 수 있다. 편안한 음악을 듣거나 마음을 편안하게 하는 활동들이 도움이 된다.

그리고 기분 좋은 감정을 통해 느껴지는 좋은 기분을 적극적으로 표현하면 좋다. 우리는 자신의 기분을 표현하는 데 너무 인색하다. 화를 내고 신경질을 부리는 등 나쁜 기분은 거칠게라도 표현하지만 좋은 기분을 표현하는 데는 어려워한다. 표정과 말투, 행동으로 좋은 기분을 드러내면 좋은 기분이 더는 불편하거나 낯설거나 두렵지 않다. 좋은 기분은 맘껏 누리라고 있는 것이다. 누리면 누릴수록, 느끼면 느낄수록 강해지고 풍부해지는 것이 기분이다. 특히 좋은 기분은 그렇다.

<기분이 좋아지는 마법의 한 마디>

행복은 자연스러운 거예요.

행복을 낯설거나

불편해하지 말아요.

기분을 좋게 하는 가장 빠른 방법

나는 아침에 일어나면 기분지수를 확인한 후 엔니오 모리코네의 명곡 〈가브리엘의 오보에〉를 듣는다. 아침이 아니더라도 무언가 부담스럽거나 피곤한 일 혹은 기분 나쁜 상황이 발생할 것 같으면 이 음악을 듣는다. 불평과 불만이 솟아날 때도 이 음악의 느낌을 깨운다. 그러면 마음이 평화로워지면서 기분이 빠르게 좋아진다. 즐겁고 신나는 감정으로 기분이 좋아지는 게 아니라 고귀함과 숭고함 등 조금은 차원이 다른 감정이 북받쳐 오르면서 기분이 좋아진다. 특히 이 음악을 듣고 있으면 내 삶이 지금 이대로 감사하게 느껴진다. 중년으로 접어든 나이, 직장은 불안하고 뭐 하나 성취한 것 없지만 그래도 삶이 참 소중하다고 생각된다. 삶 자체가 축복이라는 느낌마저 든다. 그러면 미래에 대한 불안함과 걱정이 바람에 날아간 듯 사라진다.

실제로 유튜브에서 이 음악을 들은 사람들은 다음과 같은 소감을 댓글로 남겼다. '맘과 정신을 충만케 하는 곡', '영혼까지 맑아지는 음악입니다.', '신이 내린 음악이다.', '병상에서 이 음악 듣고 무한한 힘을 받았습니다.', '천상의 음악이 있다면 바로 이 음악.', '아름다운 천국의 기쁨이 샘솟는 느낌입니다.', '심장이 뛰고 가슴이 멋는다.', '세상에서 가장 아름다운 음악.' 이처럼 많은 사람들이 이 음악을 듣고 깊은 감동과 전율을 느끼며 기쁨과 환희를 경험한다. 영혼을 울리는 음악 한 곡이 얼마나 많은 사람들의 상처받은 마음을 치유하고 사랑을 느끼게 하는지 알 수 있다. 마음의 표면을 자극하는 감각적인 음악이 넘쳐나는 시대에 마음의 가장 깊은 곳을 울리는 이 음악 한 곡으로 보잘것없는 삶이라 할지라도 지금의 삶을 귀하게 여기고 축복으로 생각한다. 그리고 우리가 사랑의 존재라는 것을 다시 한번 깨닫는다.

이 음악에서 알 수 있듯이 기분을 좋게 하는 가장 빠른 방법은 감사함을 느끼는 것이다. 현실의 모든 것을 감사하게 생각할 때 기분이 빠르게 좋아진다. 감사함이라는 감정은 대단한 힘을 가지고 있다. 이 감정을 느끼는 순간, 우리는 지금의 삶을 소중하고 의미 있게 생각한다. 불평과 불만, 분노와 불안함, 증오 등을 모두 잠재운다. 그러면서 지금 내가 서 있는 이곳이 꽃자리인 것처럼 느껴져 가슴 벅찬 행복과 기쁨을 솟아나게 한다. 모든 것이 기분 좋고 아름답게 보인다. 나는 특히 토요일 오전에 부모님을 뵙기 전에 꼭 감사함을 느낀다. 일주일에 한 번 찾아뵙는 거지만 연로하신 부모님을 모시고 병원과 약국 등을 들르며 부모님의 몸과 마음을 건강하게 해드려야 하는 부담스러운 상황. 긴장되는 토요일 아침에 이 음악을 들으며 부모님 댁으로 향한다. 그러면 마음의 부담은 훨씬 줄어들고 좀 더 사랑스럽고 따뜻한 마음으로 부모님을 만날 수 있다. 기분 좋은 일들이 생기는 것은 물론 부모님에 대한 걱정도 줄어든다.

반면 불평하고 불만을 느낄 때 기분은 빠르게 나빠진다. 기분이 좋았다가도 무언가에 불평을 하고 불만을 쏟아내면 기분은 급격하게 추락한다. 불평과 불만을 느끼면 불안감과 걱정, 초조함 등 다른 기분 나쁜 감정들이 연쇄적으로 일어나 마음이 심란해진다. 행복은 사라지고 고통이 시작된다. 감사함을 느끼며 하루를 시작할 때와 불평과 불만으로 하루를 시작할 때, 자신은 물론 주변의 분위기가 엄청나게 달라진다. 이 감정 하나가 생각을 바꾸고 행동을 바꾸고 삶을 바꾼다. 아무리 고달픈 삶이라도 기분 좋은 감정을 하나라도 느낄 수 있다면 우리는 행복할 수 있고 감사함을 느낄 수 있다. 날이 무척 더울 때는 잠깐의 시원함이 행복을 깨우고, 날이 무척 추울 때는 잠깐의 따뜻함이 행복을 깨운다. 이런 순간의 행복을 잠시라도 느낄 수 있다면 감사함도 느낄 수 있다.

이렇게 감사함을 일상에서 자주 느낄 때 우리는 평범한 것에 감동하고 감탄한다. 사소한 것에 감동하고 하찮은 것에도 감탄한다. 감사함이 감동과 감탄의 감정을 깨우는 것이다. 이럴 때 특별한 일도 없는데 행복하고, 이유 없이도 사랑을 나눈다. 감동하고 감탄할 때 좋은 기분이 빠르게 상승하기 때문에 금방 사라지는 행복이 아니라 오래 지속되는 행복을 경험할 수 있다. 무언가 늘 부족하고 미흡하고 충족되지 않은 느낌이 들 때는 그 느낌에 걸맞은 일들만 벌어진다. 부족함과 미흡함, 결핍감을 부르는 일들만 생긴다. 무언가를 느낄 때 그 느끼는 일들이 우리에게 다가온다. 감사함을 느낄 때 감사함을 경험하게 되는 기분 좋은 일들이 생긴다. 감사함이라는 기분은 가장 빠른 속도로 좋게 하면서 현실을 기분 좋은 방향으로 바꾸는 감정이다. 그래서 감사함이 행운을 부르고 기적을 낳는다고 하는 걸까?

〈기분이 좋아지는 마법의 한 마디〉

행복은 이미 우리 안에 있어요. 밖에서 찾는 행복은 오래 가지 않아요.

마음속에서 기분으로 행복을 느낄 수 있어요.

기분이 좋은 만큼 행복은 지속돼요.

4장

기분을
대하는
올바른
자세

- 온전한 하루를 위한 기술

기분을 소중하게 여길 때 삶이 소중해진다

　이름만 들으면 다 아는 외국계 대기업에 다니는 친구가 어느 날 몸과 마음이 힘들다며 전화를 했다. 전화를 먼저 하는 일이 없는 친구는 늘 무뚝뚝하고 표정에 변화가 없었다. 대학 때부터 그랬다. 친구는 회사의 젊은 직원들 때문에 스트레스가 심하다며 한숨을 쉬었다. 전화기 너머의 한숨이 어찌나 크던지 친구가 바로 옆에 있는 줄 알았다. 업무를 시키면 적극적으로 피드백을 하지 않으니 답답하고, 내버려두면 일을 하는 건지 노는 건지 알 수 없어 속이 터진다고 했다. 직원들을 모아 놓고 회의를 하면 직원들이 로봇처럼 대꾸한다고 했다. 그러면서 후배들이 자신을 무시하는 것 같다며 피곤함에 절은 목소리로 말했다. 이런 마음을 어떻게 치유해야 하냐고 묻는 친구에게 나는 직원들이 평소 어떤 기분인지, 어떤 감정 상태에서 일을 하고 너와 소통을 하는지를 알고 있느냐고 물었다. 그랬더니 친구는 그런 게 왜 중요하냐며 도리어 큰소리를 치면서 문제는 그게 아니라며 신경질을 내는 것이었다. 대화를 더 할 수 없어 서둘러 통화를 마친 나는 기분을 드러내거나 감정표현에 무신경했던 친구와의 대학 시절이 떠올랐다.

우리는 친구의 경우처럼 기분에 무관심하거나 혹은 기분에 예민하다. 기분에 무관심하다는 것은 기분은 스스로 생겼다가 시간이 지나면 사라져 나오는 상관없는 것이라고 여긴다. 그러면서 기분에 점점 무감각해진다. 그리고 기분에 예민하다는 것은 몸 상태나 날씨, 다른 사람들의 기분 등 다양한 상황에 따라 기분이 수시로 변한다는 뜻이다. 감정 기복이 심해져 마음이 힘드니 기분을 성가시고 귀찮은 존재로 인식한다. 이처럼 우리는 기분을 나오는 상관없고 내가 어쩔 수 없는 것 혹은 삶을 힘들게 하는 성가시고 귀찮은 것이라고 여긴다. 그런데 기분을 전자처럼 생각할 때 기분을 방치하면서 기분에 대한 통제력을 포기한다. 그리고 후자처럼 생각할 때는 좋은 기분이든 나쁜 기분이든 기분 자체를 싫어한다. 기분을 혐오하기도 한다.

기분을 방치해 기분에 무감각해질 때 삶에 어떤 생기도, 어떤 즐거움
도 찾을 수 없다. 삶이 재미없고 무미건조하다고 이야기하는 사람들은
기분을 잘 느끼지 못하는 사람들이다. 기분에 무감하고 감흥이 별로 없
다. 기분을 느끼지 못하니 적극적으로 감정을 표현하지 못하고, 타인의
기분을 헤아리지도 못한다. 공감 능력이 떨어질 수밖에 없다. 그리고 기
분을 느끼지 못하다 보니 행복할 수도 없고 행복을 찾으려고 노력하지도
않는다. 이렇게 기분을 방치한다는 것은 나의 행복과 나의 미래를 방치
하는 것이다. 또한 기분 자체를 싫어할 때, 좋은 기분이든 나쁜 기분이든
기분 자체에 염증을 느낀다. 상황에 따라 기분이 춤을 추듯 변덕을 부리
니 기분에 치를 떤다. 좋은 기분은 기분이 다시 나빠질까 걱정돼 멀리하
고 나쁜 기분은 마음을 괴롭게 하니 싫다. 기분이 상황에 따라 급격하게
오르락내리락하니 늘 불안하고 초조하기도 하다. 이렇게 기분 자체를 싫
어할 때 기분은 우리를 더 자주, 더 가혹하게 괴롭힌다.

그렇다면 우리는 기분을 어떻게 대해야 할까? 먼저 기분을 소중하게
대해야 한다. 기분 자체를 귀하고 따뜻하게 대해야 한다. 우리는 좋은 기

분은 좋아하지만 나쁜 기분은 싫어한다. 그래서 나쁜 기분을 피하거나 억누르려고 한다. 근데 나쁜 기분을 점점 멀리할수록 나쁜 기분의 강도는 더 세진다. 그러면 나쁜 기분을 더 깊이, 더 자주 경험할 수밖에 없다. 그래서 좋은 기분은 좋은 대로 느끼고 나쁜 기분도 피하거나 억누르지 말고 인정하고 받아들여야 한다. 그것이 기분을 소중하게 대하는 태도다. 좋은 기분은 그 기분대로 의미가 있고, 나쁜 기분도 그 기분대로 의미가 있다. 기분이 느껴지는 것에는 다 이유가 있다. 마음의 신호로서 기분을 있는 그대로 존중해야 한다. 기분을 느낀다는 건 몸과 마음의 존재로서 살아 있다는 뜻이다.

그리고 좋은 기분과 나쁜 기분을 모두 아끼되 좋은 기분은 깊고 풍부하게 느끼고 나쁜 기분은 얕게 느끼도록 해야 한다. 기분 좋은 감정은 깊이 음미하고 기분 나쁜 감정은 최소한으로 느끼면서 최대한 빨리 놓아버리면 좋다. 기분을 소중하게 다루기 위해서는 기분의 흐름에 섬세해야 한다. 기분이 언제 좋아지는지, 언제 나빠지는지를 민감하게 알아채야 한다. 기분을 자주 알아차리고 기분의 흐름을 예의주시할 때 우리는 기분을 소중하게 다룰 수 있다. 기분을 소중히 다룰 때 삶도 소중해진다. 또 기분이 나빠질 때 몸과 마음의 상태를 확인하고 어떤 생각이나 감정을 통해 기분이 나빠졌는지를 확인해야 한다. 이것은 기분을 관리하는 첫걸음이기도 하다.

기분은 빨리 흘려보내야 할 감정이 아니다. 또한 삶을 귀찮게 하고 피곤하게 하는 감정도 아니다. 좋은 감정과 나쁜 감정 모두 귀하고 소중하게 여길 때 삶의 매 순간이 빛난다. 아울러 기분을 소중하게 여길 때 고단한 삶 속에서도 소소한 행복과 기쁨을 찾을 수 있다. 그리고 삶의 순간들이 가치 있게 느껴지고 새로운 의미로 다가온다. 우리는 기분을 떠나서 살 수가 없다. 기분을 느끼지 못하는 삶은 생명을 다한 삶이다. 생명이 있기에 기분이 있고 기분이 있기에 생명이 있다. 기분은 삶과 끝까지 함께하는 평생의 동반자이자 삶을 행복과 건강, 풍요로 이끄는 안내자다. 기분을 무시하거나 외면하면 삶의 소중한 순간들이 스쳐 지나간다. 기분은 소중하게 여길 때 삶이 순탄해지고 삶의 가치를 발견할 수 있다.

〈기분이 좋아지는 마법의 한 마디〉

기분이 나쁘다는 건

생각이나 감정을 바꾸라는

마음의 신호예요.

기분에 끌려다니지 마라

나는 아주 어렸을 때부터 기분에 관심을 갖기 시작했다. 정확한 나이는 기억이 나지 않지만 초등학교를 들어가기 전이었던 것 같다. 그 당시 40대였던 아버지는 페인트를 칠하는 일을 하셨다. 집이나 공장, 상가 등 가리지 않고 일을 맡으셔서 몇 명의 동료들과 함께 작업을 하셨다. 고단한 노동자의 삶을 사셨던 아버지는 평소에 말이 없고 무뚝뚝하셨다. 다정함과는 거리가 멀었던 아버지는 온 가족이 둘러 앉아 밥을 먹을 때도 말을 거의 하지 않으셨다. 우리 가족은 냉랭한 분위기 속에서 밥 먹기에 바빴다.

그러다가 화가 나시면 아버지는 무서웠다. 특히 컨디션이 안 좋으시거나 일을 하고 돈을 못 받아오신 날에는 가족들에게 신경질을 내셨다. 그러면 집의 분위기는 더욱 무거웠다. 아마 그때부터 아버지의 기분을 세심하게 살피는 게 버릇이 된 것 같다. 아버지의 기분이 좋은지 나쁜지를 빨리 알아차리고 그에 따라 눈치 있게 행동하는 게 습관이 되었던 것 같다. 그래야 집이 좀 더 평화로워지기 때문이다. 그런 아버지가 가끔은 완전히 달라질 때가 있었다. 좋은 일이 있으셨는지 술을 한잔 걸치시고 기분이 좋아지시면 아버지는 전과는 다른 사람이 되어 있었다. 얼굴에 함박웃음을 머금고 소풍 때나 먹을 수 있었던 과자나 호빵을 사 들고 나타나셔서 가족들에게 직접 먹여주시는 것이었다. 그러다 기분이 더 좋아지시면 머리를 쓰다듬으신 후 낡은 지갑에서 용돈을 꺼내주셨다. 정말 놀라운 일이었다.

아마 나는 그때 기분이 사람을 변화시킨다는 것을 알았던 것 같다. 기분은 참 신비롭고 오묘하다고 생각하면서 말이다. 어떤 일이 생기면 가장 먼저 아버지의 기분부터 확인하는 게 버릇으로 굳어지자 이상한 일이 생겼다. 아버지의 기분이 좋으면 내 기분도 좋아지고 아버지의 기분이 나빠지면 내 기분도 나빠지는 것이었다. 분명 기분은 나로 인해 좋아지고 나빠져야 하는데 아버지에 따라 기분이 좋아졌다 나빠졌다를 반복하니 사는 게 늘 불안했다. 동네 친구들과 재미있게 놀아도 그 즐거움을 마음껏 느끼지 못했다. 소풍을 가서 친구들과 김밥을 나눠 먹고 재미있는 시간을 보내도 집에 도착할 때쯤부터는 기분이 좋지 않았다. '집에 도착해 아버지의 기분이 나빠 있으면 어떡하지?'라는 생각이 들면서 마음이 조마조마했다. 집에 갔는데 아버지의 기분이 진짜로 나빠 보이면 그때부터 내 기분도 나빠져 침울해졌다.

아버지의 기분에 따라 내 기분도 출렁거리는 일은 대학교에 들어가서 많이 좋아졌다. 기분을 관리하는 법도 조금씩 알게 되었고, 동아리 활동을 통해 기분 좋은 감정을 느끼다 보니 기분 나쁜 감정이 크게 줄어들어 나의 감정에 충실할 수 있었다. 이렇게 특정한 사람의 기분에 자신의 기분이 끌려다닐 때 온전한 삶을 살 수 없다. 나의 삶이 아닌 타인이 주도하는 삶이자 타인에게 조종당하는 삶이다. 이런 삶이 지속될 때 삶이 갑갑하게 느껴진다. 무엇보다 삶 속에서 그런 사람들을 계속 만나게 된다. 연애를 하거나 결혼을 해도 그런 사람들과 엮이게 된다. 내 경험처럼 가족이나 연인관계 혹은 특정한 사람이나 상황에 기분이 끌려다니는 사람들을 자주 본다.

특히 어떤 특정한 상황이 마음에 들면 기분이 좋아지고 마음에 들지 않으면 기분이 나빠지는 경우를 심심치 않게 본다. 그러면 그 상황에 기분과 감정이 묶여서 상황에 얽매이게 되고 삶이 지배당한다. 상황에 따라 기분이 충동적으로 바뀌는 것은 물론 비슷한 상황이 반복해서 일어나고 급기야 상황은 더 나빠진다. 이럴 때 우리가 해야 할 일은 특정한 상황으로부터 기분을 지키는 일이다. 외부에 기분이 좌지우지되지 않겠다는 생각과 함께 그런 상황을 편하게 받아들여야 한다. 상황과 감정을 분리시켜 상황에 기분이 흔들리지 않도록 마음의 벽을 쳐두면 좋다. 그러면 한결 편안하고 담담하게 그 상황을 맞을 수 있다. 그리고 기분이 나빠질 때, 나쁜 기분에 휩쓸리지 않는 게 중요하다. 이를 위해 기분의 변화를 알아차려서 기분이 나빠질 때 기분전환을 위한 자신만의 활동을 해야 한다.

기분을 지키는 일이 나를 지키는 일이자 내 삶을 지키는 일이다. 기분을 통해서 나와 내 삶을 지킬 때 비로소 나다운 삶을 살 수 있다. 그리고 타인에게도, 외부의 상황에도 휘둘리지 않는다. 이런 삶이 우리에게 큰 기쁨을 안겨준다. 행복과 성공도 결국 기쁨의 양에 비례한다. 현실이 힘들고 고달프다고 현실을 기분 나쁘게 생각하고 기분 나쁜 감정을 느낀다면 현실에 사로잡히게 된다. 결국 현실은 아무것도 바뀌지 않는다. 현실에서 좋은 점을 찾고 감사한 점을 발견해 좋은 기분을 느껴야 현실이 기분 좋게 바뀌고 기쁨이 넘치는 삶을 살 수 있다. 나의 삶을 살고 싶다면 기분에 끌려다니지 말아야 한다.

–

기분전환에도 골든타임이 있다

행복을 위해서는 나쁜 기분에서 빨리 벗어나야 한다. 기분 나쁜 감정을 서둘러 잊고 나쁜 기분을 정화해야 행복이 시작된다. 나쁜 기분 속에서 행복을 찾을 수는 없다. 행복은 기분이 좋을 때 자연스럽게 샘솟는 감정이다. 기분 나쁜 감정을 빨리 잊어야 기분 좋은 감정들이 서서히 깨어나면서 기분이 좋아진다. 대부분의 성공한 사람들은 기분 나쁜 감정을 빨리 잊는 것으로 유명하다. 그들은 기분 나쁜 감정을 해소하는 자신만의 루틴이 있고 자신만의 골든타임이 있다. 그 시간 안에 기분을 전환하기 위해 노력한다. 골든타임을 벗어나면 기분전환이 잘 안 되기 때문이다. 기분은 미묘하고 섬세해서 주의 깊게 다뤄야 한다. 좋은 기분과 나쁜 기분은 우리 마음에서 늘 시소를 타면서 대기하고 있다가 어떤 생각과 감정에 먼저 무게가 실리느냐에 따라 그 모습을 드러낸다. 그래서 기분 전환에는 시간이 중요하다.

나도 최근에 갑자기 기분이 나빠져 힘들었던 때가 있었다. 우리나라에서 가장 유명한 공기업 중 한 곳에 다니는 친구를 일요일 저녁에 만났다. 독일산 중형 세단을 끌고 나타난 친구는 천안의 한 골프장에서 골프를 치고 오는 길이라며 기분 좋은 표정으로 나타났다. 저녁 식사로 두부전골을 먹으며 이런저런 이야기를 하다가 친구가 갑자기 나에게 월급이 얼마 정도 되냐고 묻는 것이었다. 솔직하게 이야기를 하자 친구는 "내가 니 월급의 두 배는 받는 것 같은데 그래도 아이 둘 키우고 여기저기 쓰니까 남는 게 없어! 노후가 걱정이야."라고 말하는 것이었다. 그 이야기를 듣는 순간 오랜만에 만난 친구에 대한 반가움은 순식간에 사라졌고 부러움과 함께 우울함이 밀려오는 게 느껴졌다. '내가 이 정도의 월급을 받고 일을 하고 있구나.'라는 자괴감도 들었다. 문화예술일을 하면서 이런 자괴감을 많이 느꼈지만 가까운 친구를 통해서 그 감정을 느끼니 기분이 무척 나빴다. 집에 와서도 기분이 풀리지 않았고 기분 나쁜 생각들이 계속 떠올라 마음이 힘들었다.

　그런데 이렇게 나쁜 기분에 빠져 있는 내 모습이 기분을 더 나쁘게 만들었다. 그래서 기분이 나쁠 때 활용하는 나만의 기분업 루틴으로 기분을 전환하기로 마음먹고 바로 행동에 들어갔다. 그랬더니 친구를 만나면서 느꼈던 우울함과 자괴감이 조금씩 사라졌다. 한결 마음이 편안해졌고 기분도 나아졌다. 우리는 언제든 기분이 나빠질 수 있다. 기분이 나빠질 때 자신만의 루틴으로 기분을 전환하는 것이 행복하게 사는 길이다. 여기서 주의할 점은 기분을 전환할 때도 골든타임을 지켜야 한다는 것이다. 골든타임을 놓치면 기분전환의 효과도 떨어지고 나쁜 기분이 몸과 마음에 깊이 스며들어 좋은 기분으로 전환하는 게 쉽지 않다. 기분이 나쁠 때는 골든타임 안에 최대한 신속하게 기분을 전환해야 한다. 기분이 나쁘다는 건 지금 이 순간에 벌어진 일이기 때문에 지금 문제를 해결하지 않으면 기회가 사라진다. 기분이 지금 나쁜 데 기분전환을 나중으로 미루는 것은 자신의 몸과 마음을 괴롭히는 일이다.

　골든타임 안에 기분을 전환하지 못하면 나쁜 기분에 점점 빠져들어 나쁜 기분의 굴레에 갇히게 된다. 나쁜 기분의 굴레란 기분 나쁜 생각과 감정이 반복되는 무의식적인 패턴이다. 이 패턴에 갇히면 비슷한 상황이 벌어졌을 경우 자동적으로 기분 나쁜 생각과 감정이 떠오르고 나쁜 기분에 사로잡히게 된다. 그러면 기분 나쁜 생각과 감정이 마음에 굳어져 일상에서 반복적으로 나타난다. 많은 사람들이 고통을 겪고 있는 공황장애나 트라우마도 이렇게 시작된다. 그래서 골든타임 안에 최대한 빨리 나쁜 기분에서 빠져나오는 게 중요하다. 그렇다면 골든타임은 언제까지일까? 새로운 순간 전까지다. 회의 중에 기분이 나빠졌다면 회의를 마치고 다음 순간을 맞기 전까지 기분을 전환하는 게 좋다. 퇴근길에 기분 나쁜 일을 당했다면 집에 도착하기 전까지 기분을 전환하는 걸 목표로 세워야 한다. 새로운 순간에는 이전의 나쁜 기분이 아닌 좋은 기분으로 그 순간을 맞아야 한다. 기분이 나빠졌던 그 시간대 안에서 기분을 좋게 만들어야 한다. 그래야 새로운 순간을 기분 좋게 맞을 수 있다.

기분을 전환하기 위한 나만의 루틴을 만들되 나쁜 기분을 빨리 해소하겠다는 의지를 가져야 한다. 나쁜 기분을 인정하고 받아들이되 최대한 서둘러서 나쁜 기분을 내려놓는 게 좋다. 좋은 기분은 마음이 괴롭거나 힘들 때 자신에게 줘야 할 몸과 마음의 영양제다. 기분에도 골든타임이 있다. 이 골든타임을 지키면 나쁜 기분의 터널에서 빨리 빠져나올 수 있다.

멘탈이 강한 사람은 기분을 컨트롤한다

멘탈이 강한 사람을 보면 부럽다. 어떤 위기에서도 꺾이지 않는 마음으로 자신의 능력을 최대한 발휘하는 사람, 어떤 어려움에서도 자신의 열정을 불태우며 혼신의 힘을 다하는 사람. 나는 손흥민을 통해 그것을 본다. 손흥민은 카타르 월드컵에서 마스크 투혼을 선보이며 우리나라를 16강으로 이끌었다. 마스크 때문에 시야가 가려 뛰는 것조차 힘들었을 텐데 손흥민은 그야말로 죽기 살기로 뛰었다. 월드컵 직전, 심각한 안면 부상을 당한 후 주변에서는 손흥민의 월드컵 출전이 불가능할 것으로 내다봤다. 그러나 손흥민은 주변의 걱정과 우려를 불식시키고 월드컵에 출전해 투혼을 불살랐다. 얼굴 부상 중에도 헤딩을 했고 거친 몸싸움도 마다하지 않았다.

손흥민의 강한 멘탈은 월드컵이 끝난 후에 여실히 드러났다. 영국으로 돌아간 손흥민은 재개된 프리미어리그에서 한동안 골을 넣지 못했다. 선발로 계속 출전했지만 골을 기록하지 못하는 경기가 늘어났다. 몸 상태도 썩 좋아 보이지 않았다. 손흥민의 골 침묵이 길어지자 영국 언론과 SNS에서는 손흥민을 주전에서 빼야 한다며 손흥민을 비난하기 시작했다. 그때, 손흥민의 기분은 어땠을까? 아마 기분이 몹시 안 좋았을 것이다. 자존심도 상하고 모욕감도 깊이 느꼈을 것이다. 지난해 골을 가장 많이 넣었던 득점왕 아닌가? 그런데도 손흥민의 기분은 나빠 보이지 않았다. 연습할 때나 경기에서 손흥민은 매 순간을 즐기는 것처럼 보였다. 초조함도 찾아볼 수가 없었다.

드디어 반전의 기회가 찾아왔다. 손흥민이 골을 넣은 것이다. 손흥민은 지난 1월 29일 FA컵 경기에서 멀티골을, 2월 20일 리그 경기에서는 쐐기골을 터트리며 자신의 존재 가치를 알렸다. 경기에서 손흥민은 엄청난 스피드와 정확한 슈팅, 확실한 골 결정력으로 부활의 신호탄을 쐈다.

월드컵을 끝내고 리그로 복귀한 손흥민은 상상할 수 없을 중압감에 시달렸지만 서서히 자신의 기량을 되찾고 있다. 손흥민의 멘탈은 확실히 남다르다. 이런 멘탈을 가진 선수가 또 있다. 바로 세계적인 테니스 스타 라파엘 나달이다. 나달도 손흥민과 마찬가지로 위기에 몰렸을 때 동요하지 않고 냉정함을 유지하면서 플레이를 펼친다. 특이한 것은 경기가 풀리지 않을 때 오히려 공격적으로 경기를 펼치며 상대를 압도한다는 것이다. 이를 통해 분위기를 반전시킨다.

이처럼 강한 멘탈은 요즘 같은 시대에 운동선수뿐만 아니라 우리 모두에게 꼭 필요하다. 언제든 반복되는 위기, 불확실한 미래, 작은 실수도 용납되지 않는 시스템에서 멘탈이 약하면 언제든 거센 파도에 휩쓸려갈 수 있다. 이럴 때일수록 멘탈을 강하게 키워야 한다. 멘탈이 강하다는 것은 기분 나쁜 감정이 느껴져 기분이 나쁘더라도 자신을 잃지 않고 평정심을 유지하는 능력이 좋다는 것이다. 기분 나쁜 상태를 최대한 빨리 벗어나 기분 좋은 상태로 전환할 준비가 되어 있다는 것이다. 결국 나쁜 기분을 빨리 내려놓는 것이 핵심이다. 나쁜 기분을 얼마나 신속하게 해소하느냐가 멘탈 수준을 결정한다. 멘탈이 약하면 사소한 기분 나쁜 감정도 깊이 느끼면서 모든 것을 심각하게 생각하고 괴로워하며 몸과 마음을 주체하지 못한다. 작은 비난에도 자책하고 작은 공격에도 분노하거나 움츠러든다. 반면 멘탈이 강하면 웬만한 기분 나쁜 감정에도 끄떡없다. 마음이 흔들리지 않으면서 자신의 중심을 지켜나간다.

그래서 강한 멘탈이 필요하다면 나쁜 기분을 내려놓는 연습을 해야 한다. 나쁜 기분을 내려놓다는 건 나쁜 기분이 자연스럽게 빠져나가도록 하는 것이다. 나쁜 기분을 붙잡지 않고 흘러가도록 놔두는 것이다. 나쁜 기분의 원인이 되는 기분 나쁜 생각과 감정에 집착하지 않으면서 자연스럽게 비우면 좋다. 이것이 습관이 되면 나쁜 기분을 빨리 해소해 몸과 마음을 안정시키는 데 큰 도움이 된다. 내려놓는 방법은 간단하다. 나쁜 기분이 들 때마다 그것을 인지하고 나쁜 기분이 마음에서 빠져나가도록 길을 열어두면 된다. 눈을 감고 심호흡을 하면서 마음에서 느껴지는 나쁜 기분이 천천히 사라지도록 하는 것이다. 나쁜 기분을 생각하거나 판단하거나 비난하거나 그 기분대로 행동하지 말고, 나쁜 기분이 스스로 제 길을 가도록 허용하는 것이다. 그러면 풍선에서 바람이 빠지듯 나쁜 기분이 사라지고 고요함이 스며든다.

기분도 에너지라서 들어오면 나가야 한다. 나가지 못하고 그대로 정체

되면 응어리로 남아 콤플렉스나 트라우마가 된다. 기분이 나빠질 때마다 이 연습을 하면 멘탈을 강하게 키울 수 있다. 신기하게도 나쁜 기분이 사라지면 좋은 기분이 자연스럽게 솟구친다. 구름이 걷히면 태양이 보이듯 기분 나쁜 감정이 사라지면 기분 좋은 감정이 올라온다. 그래서 강한 멘탈을 위해서는 나쁜 기분을 놓아버리는 것이 가장 중요하다. 이것만 있으면 된다.

〈기분이 좋아지는 마법의 한 마디〉

불안감과 두려움이 밀려올 때

혼자만의 시간 속에서 고요함을 느껴봐요.

고요함이 불안감과 두려움을 사라지게 해요.

불편한 관계에서 벗어나려면 가장 먼저 해야 할 일

우리는 인간관계에서 오는 스트레스 때문에 엄청난 고통을 겪는다. 직급이나 나이와 관계없이 사람들이 모여서 일을 하든 공부를 하든 놀든 그 어떤 조직에서도 인간관계 때문에 불행을 느끼고 상처를 받고 자존감이 낮아지고 의욕을 상실한다. 그런 가운데 인간관계가 좋은 회사는 확실히 다르다는 것을 지난해 일을 하면서 느꼈다.

우리 회사는 지난해 가을, 지역에 위치한 모 제과회사의 직원들을 대상으로 문화예술교육프로그램을 진행한 적이 있었다. 힐링과 치유를 중심으로 한 문화예술교육프로그램을 통해 직원들의 행복감과 자존감을 높이기 위한 사업이었다. 일주일에 두 번씩 회사를 방문해 연극과 미술치료 프로그램과 아로마 테라피, 음악치유 콘서트 등을 진행했다. 그런데 그 직원들의 분위기가 다른 회사와는 조금 달랐다.

프로그램 진행 과정에서 직원들의 행동을 유심히 지켜보니 나이가 많든 적든 상관없이 직원들은 허물없이 어울렸고 격의 없이 대화했다. 웃으면서 친근감을 표현하는데 마음에 어떤 장애나 갈등이 보이질 않았다. 무엇보다도 감정교류가 활발한 게 느껴졌다. 서로의 마음이나 기분을 솔직하게 표현하는 게 좋아 보였다. 그러다 보니 사소한 것에도 서로에게 관심을 보였고 서로의 모습을 칭찬했다. 낯선 존재인 나와 우리 회사의 직원이 같은 공간에 있었음에도 그들은 우리를 의식하지 않은 채 옆에 있는 동료와 마음을 나누기 바빴다. 따뜻한 분위기가 느껴져 나도 덩달아 기분이 좋았다. 그래서였을까? 이제 곧 정년을 앞둔 직원부터 막 입사한 젊은 직원들까지 다양한 연령대의 직원들이 근무를 하고 있는 이 회사와 진행한 프로그램은 매우 성공적으로 끝나 좋은 평가를 받았다. 이처럼 인간관계가 좋아 분위기가 남다른 회사는 직원들의 기분이 전반적으로 좋아 보인다. 그리고 그 기분을 언제든 거리낌 없이 나눈다.

반면 인간관계가 나빠 분위기가 가라앉은 회사는 금방 티가 난다. 차갑고 냉랭한 기운이 감도는 가운데 직원들이 감정교류를 전혀 하지 않는다. 우리는 친하게 지내다가 조금만 사이가 틀어져도 그 사람의 단점을 보게 된다. 평소에 아무리 잘 지냈어도 관계가 어긋나기 시작하면 그때부터 그 사람의 좋지 않은 모습들, 마음에 들지 않는 모습들을 생각하게 된다. 약속 시간에 늦거나, 일 처리가 미숙하거나, 입맛이 다르거나, 친하게 지낼 때는 전혀 문제가 되지 않았던 모습들이 사이가 벌어지자 큰 문제로 보이고 나와는 맞지 않은 사람처럼 느껴진다. 친하게 지냈던 사이가 아닌 것처럼 생각될 정도로 그 사람의 부정적인 모습만 떠오른다. 이렇게 부정적인 면만을 보면 볼수록 서로의 기분이 나빠져 감정교류가 중단되고 인간관계도 단절된다. 또 부정적인 면만을 보면 볼수록 부정적인 사람들이 주위에 나타나고 그런 사람들하고만 만나게 된다. 회사의 분위기가 나빠지는 것은 물론이다.

그래서 우리는 인간관계에서도 서로에게 기분 좋은 감정을 느껴야 한다. 그래야 관계를 통해 즐거움과 행복을 경험하면서 관계의 질이 높일 수 있고 향기로운 자극과 영감을 나눌 수 있다. 기분 좋은 사람들이 주변에서 더 자주 눈에 띄기도 한다. 그러기 위해서는 불편한 사람과 관계를 개선하는 방법을 배우고 실천해야 한다. 좋은 관계는 계속 유지하되 불편한 사람과의 관계를 좋게 하기 위한 행동을 포기해선 안 된다. 불편하다고 인간관계를 끊는 것도 방법이 될 수 있으나 언제 어디서 그 사람과 다시 만날지도 모르고 불편한 관계 때문에 마음이 찜찜하고 기분이 나빠지는 것이 더 큰 문제다. 그 찜찜한 마음과 나쁜 기분이 언제든 똑같은 상황을 불러일으키기 때문이다. 회사나 학교에서 사이가 좋지 않은 사람, 관계가 껄끄러운 사람들을 보면 대부분 감정이 틀어진 사람들이다. 기분 나쁜 감정이 두 사람의 관계를 가로막아 감정의 교류를 차단한다. 그래서 사이가 벌어지고 관계는 파국을 맞는다.

관계를 개선하고 싶다면 가장 먼저 불편한 사람에 대해 좋은 기분을 느껴야 한다. 미움과 질투, 분노 등의 기분 나쁜 감정을 내려놓고 그 사람에 대해 좋았던 점이나 고마웠던 점을 생각하며 기분 좋은 감정을 느끼는 것이다. 그러면 그 사람에 대한 기분이 조금은 나아진다. 기분이 나아지면 그 사람에 대한 마음이 좋아지면서 긍정적인 모습들이 보여 관계의 싹을 틔울 수 있다. 그리고 불편한 사람과 함께 하면 좋을 만한 것을 자신이 생각할 수 있는 범위 내에서 그리는 것도 좋다. 밥은 먹기 싫어도 차는 가볍게 마실 수 있다면 둘이 차를 마시는 모습을 상상하는 것이다. 두 사람이 관계를 회복해 친하게 지내는 모습을 상상하는 것도 괜찮다. 또한 불편한 사람과 관계를 빨리 개선해야 한다면 그 사람에게 사랑과 축복의 감정을 마음으로 보내면 좋다. 그 사람이 행복했으면 좋겠다는 생각으로 사랑과 축복의 감정을 마음으로 전달하면 된다. 이처럼 불편한 사람에 대해 좋은 기분을 느끼면 어느 순간 서로의 마음이 열리고 다시 친해질 수 있는 계기가 만들어진다. 이것이 바로 감정의 힘이다. 우리는 기분 좋은 감정을 나누면 언제든 관계를 회복할 수 있다. 인간은 생각보다 감정에 더 먼저, 더 빨리 반응한다. 특히나 인간관계에서 감정은 무척 중요하다. 관계를 개선하고 싶다면 가장 먼저 불편한 사람에 대한 기분을 바꿔야 한다. 내가 먼저 바뀌어야만 상대방도 바뀐다.

〈기분이 좋아지는 마법의 한 마디〉

좋은 기분을 느낄 수 있다면

우리는 언제든

나은 미래를 살 수 있어요.

불안감과 두려움을 잠재우는 기분 전환 기술

우리가 삶을 살면서 가장 자주 느끼는 기분 나쁜 감정은 불안감과 두려움이다. 요즘처럼 자연재해가 심하고 각종 사건 사고가 많은 때에는 더욱 그렇다. 터키와 시리아에서 발생한 지진으로 작은 흔들림에도 우리는 깜짝 놀란다. 그렇다 보니 아주 사소한 일에도 불안감과 두려움을 느낀다. 특히 기분이 예민하고 감정 기복이 심한 사람일수록 더 심하다. 불안감은 내가 가지고 있는 무언가를 잃지 않을까 염려할 때 생기는 감정이라고 한다. 반면 두려움은 자존감과 자신감이 무너질 것 같으면서 생존에 대한 위협을 느낄 때 스며드는 감정이라고 한다. 비슷한 것 같은데 결이 다른 두 감정. 우리는 평소에 이 두가지 감정과 씨름하면서 몸과 마음을 힘들게 한다. 나도 최근에 불안감과 두려움을 깊게 경험하면서 불쾌한 시간을 보낸 적이 있었다.

새해가 시작되자 불현듯 찜찜하고 떨떠름한 감정이 느껴졌다. 작년 연말에 걸린 코로나19가 회복돼 일상생활로 복귀했지만 마음은 온전히 회복되지 못한 것 같았다. 언젠가 TV에서 혼자 사는 사람들의 외로운 죽음이 보도되면서 그 기억이 깊이 각인되어 있었던 걸까? 그러다 코로나19에 걸리면서 그 기억이 수면 위로 떠올라 불쾌한 감정을 건드린 것이다. 그 감정의 정체는 불안감이었다. 나에게 불안감은 이렇게 계속 혼자서 살아야 하는지에 대한 걱정이었다. 중년으로 접어들면서 이렇게 계속 혼자 살다가 노년을 맞는 것은 아닌지에 대한 걱정과 나도 방송에서처럼 고독사를 당하는 것은 아닌지에 대한 근심이 불안감을 밀어 올렸다. 나를 지켜줄 사람이 아무도 없다는 사실, 내가 아플 때 옆에 있는 사람이 없다는 사실이 마음을 좁게 했다. 한 살 한 살 나이를 더 먹을수록 불안감이 더 강하게 닥쳐올 텐데 이를 어떻게 감당해야 할지도 걱정스러웠다.

내가 최근에 느낀 두려움은 경제적 두려움이었다. 중년으로 접어들자

60살로 정해진 정년이 조금씩 다가오는 게 실감이 났다. 그렇다 보니 정년 이후의 삶을 생각하면 두려움이 가장 먼저 느껴진다. 내가 정년을 맞을 때쯤에는 의료기술이 더 좋아져 평균수명이 늘어날 텐데 어떻게 그 남은 시간 동안 생활을 꾸려나갈 것인가? 최근에 들려오는 연금고갈 소식이 이 두려움을 부채질한다. 현실은 답답하고 미래는 불안하니 마음이 안절부절 어쩔 줄 모른다.

이렇게 우리의 일상을 뒤흔들고 있는 불안감과 두려움이라는 감정을 잠재우지 못하면 평온한 일상도, 기분 좋은 하루도 맞이하기 힘들다. 지금이라는 이 순간에 펼쳐지고 있는 삶의 즐거움을 제대로 맛볼 수도 없거니와 늘 마음이 불편하고 찜찜해 사는 맛도 나지 않는다. 그렇다면 어떻게 이 두 감정을 잠재울 것인가? 가장 좋은 방법은 혼자만의 조용한 시간 속에서 고요함을 느끼는 것이다. 기본적으로 불안함과 두려움은 무언가에 대한 걱정으로부터 시작되는 감정들이다. 바라지 않는 어떤 일이 일어날 것 같은 불길한 생각이 걱정을 부르고 불안감과 두려움을 솟구치게 만든다. 이 걱정을 해소시키는 방법이 홀로, 고요하게 있는 것이다. 불안감과 두려움을 느낄 때 아무도 없는 혼자만의 시간 속에서 고요함을 느끼면 걱정이 차츰 사라지고 불안감과 두려움도 조금씩 내려앉는다. 적막함 속에서 혼자 명상을 하거나 산책을 하는 것도 좋고 고요함을 깨우는 음악을 듣는 것도 좋다.

고요함이 깊어지면 충만함을 경험하게 된다. 무언가 기분 좋은 에너지가 몸과 마음에 꽉 들어찬 느낌. 광대한 어떤 힘과 연결돼 모든 존재들과 하나 된 느낌. 이 느낌을 경험할 때 이루 말할 수 없을 정도로 기분이 향기롭다. 충만함을 느낄 때 자신이 부족하고 결핍된 존재가 아니라 무엇이든 할 수 있고 어떤 것이든 이룰 수 있는 완전무결한 존재로 느껴진다. 그리고 현실이 모든 것이 가능한 신비의 공간으로 여겨진다. 이럴 때 무엇을 잃을까 봐 불안하지 않고, 생존에 대한 두려움도 느끼지 않는다. 잃으면 얻으면 되고, 안 보이면 발견하면 된다. 이처럼 충만함을 느낄 때 현실은 모든 것이 열려 있고 모든 것이 가능하다고 받아들인다. 생각이 한계나 저항 없이 뻗어가기도 한다. 불안감과 두려움은 어쩌면 자존감과 자신감의 부족에는 오는 감정일지도 모른다. 자존감과 자신감의 부족은 고요함과 충만함으로 채울 수 있다. 불안감과 두려움이 느껴지면 적막한 시간 속에서 홀로 고요하게 충만함을 느껴야 한다. 기분 좋은 감정 속에서 새로운 길을 발견하고 또 다른 가능성을 찾아가는 자신을 만나게 될 것이다.

<기분이 좋아지는 마법의 한 마디>

행복한 삶을 위해서는

틈틈이 생각과 감정을 알아차려야 해요.

기분 나쁜 생각과 감정에 빠져 있지는 않나요?

모든 치유의 시작, 편안함 느끼기

어느 날 퇴근길에 〈세상의 모든 음악〉이란 라디오 프로그램을 듣는데 미국의 신시사이저 연주가인 야니(Yanni)의 음악이 흘러나왔다. 〈In the Moring Light〉란 곡이었는데 잔잔한 피아노 선율과 감미로운 멜로디가 기분을 더 없이 살랑거리게 했다. 봄 햇살 같은 상큼함과 싱그러움이 가득 피어올랐다. 화장실 갈 시간도 없었을 만큼 바빠서 몸과 마음이 지쳤던 하루를 이 음악 덕분에 평온하게 마무리할 수 있었다. 편안한 음악 한 곡이 지치고 건조했던 몸과 마음을 촉촉하게 적셔주었다. 집에 가서도 노래의 여운이 가시지 않아 야니의 다른 곡들도 찾아들었다 그의 대표곡이라고 할 수 있는 〈Santorini〉, 〈Reflections of Passion〉, 〈Once Upon a time〉들도 마음에 생기를 심어주었다.

그러고 보니 〈세상의 모든 음악〉의 시그널 뮤직인 〈Tiger in the Night〉도 편안함을 가득 안겨주는 곡이다. 이 곡을 듣고 있으면 노을이 지는 저녁에 솔향이 가득 느껴지는 소나무 숲길을 걸으며 여유와 행복을 만끽하는 상상을 하게 된다. 맑은 공기와 시원한 바람이 청명한 숲과 어우러져 마음을 더없이 느긋하게 하고 기분을 날아갈 것처럼 상쾌하게 한다. 직장에서 받았던 스트레스는 물론 기분을 나쁘게 하는 생각들도 어느새 흔적 없이 사라져버린다. 이런 음악들이 영혼을 치유하는 음악으로 큰 인기를 끌고 있는 것은 우리에게 가장 필요한 감정인 편안함을 깨우기 때문이다.

우리는 편안함이라는 감미로운 감정을 자주 놓치고 산다. 편안함을 느낄 수 있는 환경에서도 불안감을 느끼며 편안함을 어색해한다. 여유로운 분위기에서도 초조함을 느끼고 신경이 곤두서 있다. 그래서 우리가 느낄 수 있는 편안함은 고작 소파에 누워 TV를 볼 때뿐이다. 그게 아니라면 친구와 맥주를 마시거나 커피를 함께할 때다. 우리는 매일 전쟁을 치르

듯 긴장한 채로 살다 보니 심리적인 압박감을 엄청나게 느낀다. 실적에 애걸복걸하고 성적에 안달복달하니 몸과 마음이 축날 수밖에 없다.

그래서 몸은 생기를 잃어 늘 피곤하고 마음도 균형을 잃어 쓸쓸함을 자주 느낀다. 그러다 보니 몸과 마음이 경직돼 에너지의 흐름이 막혀 여기저기서 탈이 난다. 이 모든 것을 치유하는 첫 번째 과정이 바로 편안함이라는 감정을 온전하게 경험하는 것이다. 그렇다면 편안함이라는 감정은 도대체 어떤 감정일까?

기분 좋은 감정이든 기분 나쁜 감정이든 우리가 느끼는 모든 감정은 에너지 수준을 나타낸다. 편안함과 행복 등의 기분 좋은 감정을 비롯해 우울함과 좌절감 등의 기분 나쁜 감정 모두가 에너지다. 기분 좋은 감정으로 기분이 좋을수록 에너지가 강하고 가득 차 있으며, 기분 나쁜 감정으로 기분이 나쁠수록 에너지가 약하고 부족하다. 그래서 편안함보다는 행복과 기쁨이, 행복과 기쁨보다는 황홀함과 경이로움, 사랑의 감정이 에너지가 강하고 가득하다. 누군가와 사랑에 빠졌거나 무언가에 열정을 느꼈을 때 먹지 않아도 배고프지 않고, 잠을 자지 않아도 피곤하지 않은 이유도 에너지가 가득 차 있기 때문이다.

반면 짜증과 초조함보다는 실망과 낙담이, 실망과 낙담보다는 우울함과 무기력함이 에너지가 약하고 부족하다. 바라던 일이 뜻대로 되지 않아 좌절감을 느낄 때 아무런 의욕이 없어지는 것도 에너지가 다 빠져나갔기 때문이다. 이처럼 우리가 매 순간 경험하는 감정은 현재 자신의 에너지 수준을 보여준다. 편안함이라는 감정이 중요한 이유는 바로 여기에 있다. 기분 나쁜 감정과 기분 좋은 감정의 중간 단계인 편안함이라는 감정은 몸과 마음에 에너지를 다시 흐르게 한다. 편안함을 느낄 때 몸과 마음에 에너지가 흐르면서 몸에는 생기가, 마음에는 힘이 스며든다. 그리고 그 순간 치유가 시작된다. 기분 나쁜 감정과 기분 좋은 감정의 사이에서 에너지의 다리 역할을 하는 편안함이 아픈 몸을 치유하고 상처 입은 마음을 회복시킨다.

편안함은 닫혀 있던 에너지의 수문을 열게 하는 감정이자 기분 나쁜 감정에서 기분 좋은 감정으로 옮겨 갈 수 있도록 하는 디딤돌의 감정이다. 삶이 어긋났다고 생각되거나 사는 게 재미없을 때, 몸이 여기저기 아프고 마음이 무너질 것처럼 괴로울 때 가장 먼저 편안함을 느껴야 한다. 우울함과 무기력함, 좌절과 절망의 상태에서 벗어나는 길도 역시 편안함을 느끼는 것이다. 몸과 마음의 상태를 정상적으로 돌려놓기 위해서는

반드시 편안함이라는 기분 좋은 감정이 필요하다. 모든 치유는 편안함에

서 시작된다.

나쁜 기분을 이겨내야 성숙해진다

　어느 날 상사와 외근을 나가는 중이었다. 우리 회사와 오랫동안 파트너십을 맺어온 회사를 방문해 사업계획을 공유하기 위한 길이었다. 그 회사는 직원들이 친절하고 우리 회사와의 관계도 좋아 출장길이 늘 즐거웠다. 그래서 가벼운 마음으로 상사가 모는 차를 타고 가는 중이었다. 차가 막히는 구간에 이르자 예상대로 차량의 흐름이 좋지 않았다. 금요일 오후라서 차량 정체가 더 심했다. 가다 서다를 반복하고 있는데 운전을 하고 있던 상사가 갑자기 욕을 하는 것이었다. 앞에서 가던 차가 갑자기 브레이크를 밟아 접촉사고가 날 뻔했기 때문이었다. 저속으로 달리고 있어 크게 위험하지는 않았지만 상사는 흥분을 감추지 못한 채 앞차를 노려보며 계속 화를 냈다. 평상시에도 자주 흥분하는 상사의 입에서 욕이 나오자 일이 마음에 들지 않거나 질문에 만족스러운 답변을 듣지 못했을 때 화를 내곤 했던 상사의 모습이 떠올랐다. 방문하기로 한 회사에 도착해서도 상사는 분이 풀리지 않은 모습이었다.

기분이 나빠지는 상황은 언제든 벌어질 수 있다. 특히 예상치 못한 불쾌한 사건이 생기면 기분이 급격하게 추락한다. 분노와 모욕감 등의 기분 나쁜 감정이 치밀어 오르면서 기분이 빠르게 가라앉는다. 이렇게 기분이 나쁠 때 사람들은 저마다 다르게 행동한다. 기분 나쁜 감정을 있는 그대로 거칠게 표현하는 사람이 있는 반면 기분 나쁜 감정을 회피하거나 억누르는 사람도 있다. 그리고 기분 나쁜 감정을 알아차리고 그 감정이 자연스럽게 해소된 후에 행동하는 사람이 있다. 이렇게 기분이 나쁜 상태에서 어떻게 행동하느냐가 그 사람의 인품과 미래를 보여준다.

우리는 기분 나쁜 감정을 받아들이고 이겨내면서 성장한다. 기분 나쁜 감정을 극복하면서 인격적으로 성숙해지고 그 감정을 내려놓으면서 정신적으로 어른스러워진다. 일상에서 빈번히 경험하게 되는 기분 나쁜 감정들을 느끼면서도 그 감정에 깊이 빠지지 않고 평정심을 유지하며 차분하게 행동할 때 좋은 어른이 되고 존경받는 리더가 되며 사랑받는 부모가 된다. 이 과정을 거쳐야만 제대로 된 어른으로 성장한다. 나이만 먹은 어른이 아니라 마음까지도 곰삭은 어른이다. 특히 기분 나쁜 감정을 느낄 때 극단적으로 행동하지 않는 게 중요하다. 그런 감정이 느껴질 때 감정대로 행동하다 보면 습관이 되고 버릇이 된다. 어린이와 청소년들에게 감정교육이 필요한 이유다. 기분 나쁜 감정 그대로 격분해서 행동할 때 자신의 감정 하나 주체하지 못하는 사람으로 취급받는다. 타인에게서 신뢰를 얻지 못하는 것은 물론 공감을 이끌어 내기도 힘들다. 기분 나쁜 감정은 불쑥 나타났다가 잠시 후에 사라지는 바람과 같다. 잠시 일었다 사그라드는 바람에 따라 행동하는 것은 자신과 모든 사람을 불행하게 한다.

어른 중에서도 모욕감과 분노 등의 감정에 쉽게 꺾이는 사람들이 많다. 사소한 것에 자존심이 상했다며 불같이 화를 내고, 마음의 상처를 받았다며 삐치는 사람들이 많다. 기분 나쁜 감정에 예민한 사람들이다. 인격이 훌륭하다고 소문이 났는데 실제로는 모욕감과 분노를 통제하지 못하고 그 감정대로 행동하는 사람들도 의외로 많다. 진짜 어른은 나쁜 기분을 수용하고 받아들이면서 제때 정화하는 사람들이다. 그래서 마음이 안정되고 평화로우며 쉽게 흔들리지 않는다. 이럴 때 나쁜 기분을 수용하고 받아들이는 용기가 필요하다. 나쁜 기분이 마음을 힘들고 불편하게 하지만 이것을 과감하게 받아들이는 결단이 필요하다. 이런 용기와 결단이 마음의 그릇을 넓히고 마음의 품을 키운다. 우리는 기분 나쁜 감정을 받아들이고 이겨내는 만큼 마음이 단단해지고 굳건해진다. 그리고 숭고해지고 고귀해진다.

우리는 모든 감정을 경험하면서 인생을 여행한다. 다양한 감정을 느끼면서 세상을 탐험하고 다양한 감정을 느끼면서 진정한 자신을 찾아간다. 쉽게 넘어지는 나약한 자신을 발견하고, 뛰어나고 빛나는 자신도 발견한다. 그렇게 다양한 자신을 발견하면서 나다운 삶을 향해 나아간다. 기분 좋은 감정은 그 감정대로, 기분 나쁜 감정은 그 감정대로 인생을 풍요롭고 풍부하게 한다. 우리나라에서 리더로서 누가 적당한지를 묻는 설문조사를 진행한 적이 있었다. 그 답은 능력이 뛰어나고 리더십이 있는 사람이라는 답변이 1위를 차지할 것으로 예상했지만 뜻밖에도 종교인과 같은 숭고한 사람이라는 결과가 나왔다. 우리나라처럼 정신없이 빠르게 돌아가고 성과와 결과를 중요시하는 사회일수록 사람들에게 선한 영향력을

끼치는 고귀한 사람들이 그리운 법이다. 그런 사람들이 바로 기분 나쁜

감정을 이겨낸 성숙한 사람들이다.

기분이 나쁠 때가 오히려 반전의 기회다

요즘 직장인들의 불안감이 커지고 있다. 세계적인 경기불황이 우리나라에도 닥치면서 은행권을 중심으로 감원 열풍이 거세다. 명예퇴직을 해도 재취업을 하거나 자영업에 뛰어들어야 하는데 요즘 같은 불경기에서는 어느 것도 쉽지 않다. 그래서 마음에 극심한 불안감과 두려움이 밀려와 기분이 날 선 것처럼 좋지 않다. 내가 다니는 회사도 마찬가지다. 조직에 대한 변화의 바람이 심상치 않다. 그러다 보니 직원들의 마음이 여름날 뜨거운 햇볕에 말린 수건처럼 구겨져 있다. 회사 이름이 바뀐다는 등, 조직이 어떻게 된다는 등 별별 소문이 나돌면서 직원들이 좌불안석이다. 마음이 뒤숭숭하니 기분은 처지고 기분이 처지니 사무실 분위기도 침울하다. 공공기관의 특성상 어쩔 수 없기도 하지만 직원들은 이런 변화가 고용에 대한 문제로 연결되는 것은 아닌지 우려하고 있다. 그래서 회사에 출근하면 직원들 모두가 기분이 좋지 않다. 회사 생각만 하면 기분이 나빠지는 요즘이다.

그런데 회사에 대한 나쁜 기분이 오히려 반전의 기회로 작용해 좋은 기분을 새롭게 깨우고 있다. 원하는 삶에 대한 열망과 하고 싶은 일에 대한 열정을 다시 끄집어내고 있는 것이다. 불안함과 막막함이 잠자고 있던 열망과 열정을 뒤흔들고 있다. 마음이 초조하다 보니 내가 정말 원하는 삶은 무엇인지를 생각하게 되고, 내가 정말 하고 싶은 일은 무엇인지를 고민하게 한다. 그러면서 그 생각을 할 때마다 회사에서는 느껴보지 못했던 짜릿한 설렘과 흥분이 샘솟아 기분이 좋아진다. 그 좋은 기분을 밑거름 삼아 오래전부터 하고 싶었던 강연을 틈틈이 하고 칼럼도 쓰면서 새로운 행복을 느끼고 있다. 기분이 나쁘다는 건 오히려 좋은 기분을 느낄 수 있는 반전의 기회일까?

최근에 여자친구와 헤어진 후배도 나와 비슷한 경험을 했다고 한다.

오랜 시간을 만나서 긴 사랑을 나눠온 후배는 여자친구의 일방적인 결별 통보에 한동안 마음이 무척 힘들었다고 했다. 도저히 헤어질 수 없어 집에도 몇 번 찾아가 다시 만나자고 애원했지만 여자친구는 차갑게 외면했다고 한다. 후배는 충동적인 여자친구 때문에 연애를 하면서도 힘들었다고 했다. 괴로운 시간을 보내던 후배는 여자친구로 인해 기분이 몹시 나쁘다 보니 오히려 이번에는 좀 더 성숙한 여자를 만나 오래 행복하고 싶다는 열망이 생기더란다. 그래서 그 열망의 감정 그대로 몸과 마음을 따르며 생활을 하던 중 소개팅을 했는데 거기서 지혜로운 여자를 만나 지금도 잘 만나고 있었다. 후배는 아주 행복해 보였다.

우리는 매일 기분 나쁜 상황을 맞는다. 직장에서도 학교에서도 가정에서도 기분 좋은 상황보다는 기분 나쁜 상황을 더 자주 맞닥뜨린다. 그래서 우리가 경험하는 평상시의 기분은 나쁨이거나 그저 그렇다이다. 나의 경험과 후배의 사례에서 보듯이 기분이 나쁘다는 건 오히려 좋은 기분을 느낄 수 있는 반전의 기회이자 절호의 찬스다. 좋은 기분을 통해 꿈꾸는 인생을 그리며 원하는 것을 성취할 수 있는 기회인 셈이다. 그래서 나쁜 기분이 느껴질 때마다 내가 정말 원하는 것은 무엇인지를 생각하고 느껴야 한다. 나쁜 기분에 파묻히거나 휩쓸리지 말고 원하는 삶은 무엇이고 하고 싶은 일은 무엇인지를 생각하는 것이다. 그러다 보면 열망과 열정, 설렘과 흥분이 느껴지는 기분 좋은 무언가를 발견하게 된다. 그 좋은 기분을 원동력 삼아 자연스럽게 행동할 때 새로운 길을 찾을 수 있다.

행복과 성공의 밑바탕에 되는 감정인 열망과 열정, 갈망은 기분이 나쁜 상태에서 나오는 감정이다. 기분이 나빠야만 샘솟는 감정이다. 열망과 열정, 갈망을 느낄 때 우리 내면에서는 뜨거운 에너지가 솟구치는데 이 에너지가 원하는 삶을 살 수 있게 만드는 힘이다. 그 힘은 기분이 나쁜 상태에서 강렬하게 분출된다. 요즘 기분이 나쁘다면 진정으로 원하는 것은 무엇인지를 생각하고 느낄 수 있는 기회다. 기회가 주어졌다는 건 답답한 현실에서 벗어나 삶을 원하는 방향으로 도약시킬 수 있다는 말이다. 우리 삶은 무수한 가능성이 존재하는 미지의 세계다. 아무것도 결정된 것이 없고 어떤 일이든 일어날 수 있는 것이 우리 삶이다. 기분이 나쁠 때가 오히려 원하는 삶을 향한 반전의 기회다.

<기분이 좋아지는 마법의 한 마디>

기분이 나쁠 때, 삶을 빛나게 할 좋은 기분이 깨어나요.

나쁜 기분도 우리 삶에 꼭 필요해요.

그러니 나쁜 기분을 피하지 말아요.

5장

기분에
끌려다닐 것인가?
기분을
활용할 것인가?

- 원하는 삶을 이루는 기분의 힘

우리에게는 원하는 것을 이루는 힘이 있다

2014년 5월, 우리나라에서 비행기로 8시간 가량 떨어진 인도는 무더웠고 차가웠다. 폭염이 아침부터 기승을 부려 날씨는 찜통같이 더웠고, 사람들의 눈빛은 시리게 차가웠다. 인도여행의 시작점이었던 바라나시 사람들은 낯선 외국인들을 날카롭게 쳐다봤다. 그 눈빛이 매서워 첫 배낭여행의 들뜬 마음을 움츠러들게 했다. 그럼에도 나는 바라나시의 명소인 갠지스강의 가트를 천천히 걸으며 인도의 역사와 문화를 조금은 맛볼 수 있었다. 무더위에 몸과 마음이 서서히 지쳐갈 때쯤 인도 북쪽으로 올라가기로 했다. 서둘러 무더위를 피하지 않으면 탈진이 될 것 같았다. 인도의 휴양도시 마날리와 달라이 라마가 있는 맥그로드 간즈를 거쳐 최종 목적지인 히말라야 북부도시 레로 향할 계획이었다. 라다크로도 불리는 도시, 레는 『오래된 미래』라는 책을 통해 국내에도 많이 알려졌다.

레는 모든 생명을 존중하고 공동체적인 삶의 방식을 유지하고 있는 도시이자 전 세계 여행객들의 영혼을 치유하는 안식의 도시다. 그런데 레는 히말라야의 도시답게 쉬이 허락되지 않는 도시다. 1년 내내 영하 20도 이하를 기록하는 강추위와 함께 눈이 많이 내려 레로 향하는 모든 도로가 얼어붙기 때문이다. 그래서 5월에서 7월까지, 여름이 시작되는 딱 3개월만 눈을 겨우 치워가며 레로 들어갈 수 있다. 그래서 나도 그 시기에 맞춰 여행 일정을 짰다. 맥그로드 간즈에서 비교적 시원한 여름을 보내며 체력을 충전한 나는 마지막 남은 여행지인 레에서의 생활을 무척 기대하고 있었다. 이제 레로 향할 시간. 맥그로드 간즈에서 새벽 4시에 출발하는 작은 승합차를 타고 히말라야 산맥을 넘으면 꿈에도 그리던 레에 도착할 수 있다. 맥그로드 간즈의 새벽은 5월 중순임에도 무척 쌀쌀했다. 쌀쌀한 날씨를 대비하느라 챙겨 입은 가을옷이 춥게 느껴졌다. 초겨울 같은 날씨와 어두컴컴한 새벽에 차에 오르니 한기가 온몸을 파고들었다. 세포 속으로도 한기가 전달된 듯 머리가 울렸다. 히터를 틀지 않은 차는 냉골처럼 추웠다. 차에는 한국인 여행객 3명과 외국인 여행객 2명 등 총 5명이 타고 있었다. 한국인 20대 남성 두 명은 큰 키에 덩치가 꽤 있어 보였고, 30대 여성 한 명은 호리호리해 보였다. 그들 모두 추위와 불안감에 잔뜩 긴장하고 있었다. 눈빛은 공포에 질린 듯 떨렸고 입술은 한기에 바짝 말라 있었다. 레로 향하는 여행길이 마냥 즐겁지 않고 불안감과 긴장감을 불러일으키는 이유는 바로 고산병 때문이다. 레로 향하는 길은 히말라야 산맥을 지나 해발 5천 미터가 넘는 구간을 20시간 이상 가야 하는 위험한 길이다. 낭떠러지와 협곡으로 이루어진 길, 그 길에는 아직 눈이 녹지 않은 빙판길이 있어 언제 차가 멈추거나 뒹굴지도 모른다. 지구상에 가장 험난한 길을 향해 이제 출발해야 한다. 차에 오르자 한국인 여행객들이 반갑게 통성명을 해왔다. 그리고 고산병에 대한 각자의 대비법을 떨리는 목소리로 이야기했다. 그들도 고산병이 얼마나 무서운지를 잘 알고 있었다. 산소가 부족해 생기는 이 병으로 목숨까지 잃을 수 있다니. 여행 중 객사가 얼마나 불행한가? 그저 속이 좀 메슥거리고 호흡이 가빠지면서 고산병이 가볍게 지나가길 빌 뿐이었다.

그렇게 차가 출발하고 3시간이 지나자 히말라야 산맥의 중심부에 접어들었다. 차량 밖으로 보이는 만년설의 규모가 상상할 수 없을 정도로 어마어마했다. 그리고 히밀라야의 풍광은 그야말로 장관이었다. 나는 밖으로 보이는 히말라야의 절경에 감탄하느라 정신이 없었다. 연신 탄성을 지르며 환호했다. 언제 이런 풍광을 또 보겠는가? 그런데 나만 신났을 뿐 차 안은 쥐 죽은 듯 조용했다. 고개를 돌려 사람들을 보니 다들 눈을 감고 있었다. 고산병 때문에 정신을 못 차리고 의식을 잃은 듯 쓰러져 있었다. 인사를 나눴던 한국인 여행객들은 모두 두통을 호소하면서 몹시 고통스러워했다. 숨을 거칠게 몰아쉴 뿐 말을 하기도 힘든 지경이었다. 특히 여성은 머리가 깨질 것처럼 아프다면서 괴로워했다. 그런데 나는 전혀 아프지 않았다. 통증도 없었고 속도 편안했으며 몸에 아무런 이상을 느끼지 못했다. 오히려 히말라야 산맥을 지나면 지날수록 더 멀쩡해 히말라야의 기막힌 경치를 오롯이 즐길 수 있었다. 사진과 영상을 쉴 새 없이 찍었고 잠시 들린 휴게소에서는 평생 잊을 수 없는 히말라야의 압도적인 풍광을 목격할 수 있었다. 어떻게 당시 40대였던 나만 고산병에 걸리지 않을 수 있었을까? 젊고 체격도 큰 20대와 30대 모두 속수무책으로 쓰러질 때 두통약 하나 먹지 않고 고산병으로부터 어떻게 무사할 수 있었을까?

사실 나는 여행 전부터 명상을 하면서 내면의 에너지에 많은 관심을 갖고 있었다. 특히 기분과 감정에 대해 틈틈이 공부했다. 그걸 통해서 우리에게는 원하는 것을 이루고 미래를 원하는 방향으로 변화시키는 힘이 있다는 것을 어렴풋하게 알았다. 그 힘으로 나는 세계에서 가장 높고 위험한 히말라야 산맥을 무사하게 넘을 수 있었다. 우리에게는 원하는 것을 이루는 힘이 있다.

원하는 것을 이루는 기분 활용법

인도에서의 경험은 나에게 큰 충격을 안겨준 동시에 삶에 대한 깊고 강렬한 지혜를 선사했다. 세계에서 가장 험준한 인도의 히말라야 산맥을 고산병 없이 통과한 나는 우리에게는 원하는 것을 이루고 미래를 원하는 방향으로 바꿀 수 있는 힘이 있다는 것을 확인했다. 그 힘은 과연 무엇일까? 나는 맥그로드 간즈에서 차를 타기 며칠 전부터 레로 향하는 여행길에 대해 좋은 기분을 느꼈다. 여행길이 편안하고 안전하다고 느꼈고 차에서 히말라야 풍광을 기분 좋게 즐기는 내 모습을 상상했다. 상상 속에서 솟구치는 설렘과 흥분의 감정으로 차에 타고 있는 내 모습과 차를 운전하는 기사 그리고 여행객들의 모습도 기분 좋게 떠올렸다. 누군가 레로 가는 여행길이 무척 위험하니 마음을 단단하게 먹어야 한다고 말했을 때도 두려움이 밀려왔지만 편안한 기분으로 두려움을 밀어냈다.

추운 날씨와 칠흑같은 어둠 속에서도 나는 좋은 기분을 느끼며 레로 향하는 차에 올랐다. 그러나 온몸을 파고드는 추위와 차에 탄 여행객들의 초조한 눈빛이 기분을 스산하게 했다. 눈을 감고 심호흡을 하자 마음이 조금 가라앉았다. 편안함과 안도감이 느껴졌다. 그때 나는 운전기사의 머리 위에서 환하게 웃고 있는 작은 인형을 하나 발견했다. 그 인형이 나를 지켜줄 것이라고 믿으면서 좋은 기분을 계속 부채질했다. 한참을 달리던 차가 드디어 히말라야 산맥의 중심부에 들어섰다. 운전기사가 지금부터 고산병을 조심해야 한다며 머리가 아플 때 먹으라고 두통약을 나눠줬다. 약을 받으니 다시 불안감이 밀려왔다. '이제부터가 시작이구나. 고산병에 걸리면 어떻게 하지?'라는 생각에 등에서 식은땀이 났다.

불안감이 마음을 잠식하기 전에 좋은 기분을 다시 느껴야겠다고 생각했다. 그래서 인형을 바라보며 인형이 나를 지켜주고 있다고 믿으면서 편안함을 다시 느꼈다. 그리고 히말라야 산맥을 기분 좋게 통과하는 내 모습을 상상했다. 그렇게 불안감과 두려움이 느껴질 때마다 그 과정을 반복했다. 기분 좋은 감정이 마음에서 떠나질 않도록 노력했다. 위기가 찾아왔다. 한참을 달리던 차가 갑자기 멈춘 것이다. 운전기사는 커다란 얼음조각이 길을 가로막고 있다며 언제 길이 뚫릴지 모른다고 했다. 그 순간 불안감이 엄습했다. 아직까지는 몸 상태가 괜찮은데 여기서 얼마나 기다려야 할지, 여기서 기다리다가 무슨 일이 생기는 것은 아닌지 걱정 스러웠다. 그래도 계속 심호흡을 하면서 편안함을 깨웠다. 그랬더니 거 짓말같이 큰 트럭이 얼음조각을 밧줄로 동여매고 한쪽으로 치우는 것이 었다. 불과 몇 십 분 만에 길은 다시 열렸고 차는 속도를 높였다. 그렇게 열 시간을 더 달린 끝에 드디어 레에 도착했다. 중간에 아찔한 협곡을 지 날 때 차가 흔들려 무서웠고, 오래전에 낭떠러지에 추락해 파손된 차량 이 보일 때도 겁이 났지만 불안한 감정에 휩쓸리지 않고 편안한 기분을 느끼자 정말 아무 일도 없었다는 듯이 무사히 레에 도착할 수 있었다. 다 른 여행객들은 히말라야의 풍광을 한 번도 제대로 보지 못한 채 쓰러져 있다가 겨우 레에 도착했다. 여행객들은 레에 도착해 나를 부럽고 신기 한 표정으로 쳐다보며 나오지도 않는 목소리로 작별 인사를 건넸다. 환 한 표정으로 답례를 한 나는 예약해둔 숙소로 발걸음을 옮겼다. 숙소에 도착하자 안도의 한숨이 길게 터져 나왔다. 그리고 침대에 눕자 싱그러운 기분이 가득 밀려들었다. 레에서의 첫날밤이 그렇게 달콤하게 흐르고 있었다.

우리는 원하는 것을 이룰 수 있다. 원하는 것을 현실로 불러들여 삶을 변화시킬 수 있고 미래를 원하는 방향으로 바꿀 수 있다. 그 출발은 원하는 것에 대해 좋은 기분을 느끼는 것이다. 원하는 상황, 원하는 일, 원하는 사람, 원하는 관계, 원하는 직업 등 원하는 모든 것에 대해 좋은 기분을 느끼는 것이다. 원하는 것에 기분 좋은 감정을 가질 때 기적 같은 일들이 마법처럼 펼쳐진다. 내가 고산병 없이 히말라야 산맥을 통과한 것처럼 말이다. 그리고 좋은 기분을 강하게 느낄수록 원하는 것이 더 빨리 현실로 드러난다. 기분은 단순한 감정이 아니다. 원하는 삶을 향해 가라는 마음의 신호이자 원하는 것을 이루게 하는 가장 강력한 힘이다.

좋은 기분만큼 삶에서 유익한 것은 없다. 좋은 기분 속에 원하는 삶이, 꿈꾸는 삶이 무르익는다. 언제 어디서든 좋은 기분을 느끼겠다는 굳은 마음만 있으면 된다. 이처럼 기분은 행복과 건강, 풍요, 인간관계 등 삶에서 가장 중요한 것들을 결정한다. 그러나 기분의 힘은 여기서 그치지 않는다. 기분은 우리가 간절하게 원하는 것을 현실화시키는 가장 강력한 에너지다. 그 힘을 활용할 때 우리는 원하는 삶을 살 수 있고 소망을 실현할 수 있으며 고달픈 현실을 변화시킬 수 있다. 그 시작이 바로 원하는 것에 대해 좋은 기분을 느끼는 것이다. 좋은 기분만 있으면 된다. 그러면 모든 것이 기분 좋은 방향으로 바뀌기 시작한다.

〈기분이 좋아지는 마법의 한 마디〉

기분 나쁜 일이 생겨 마음이 괴로울 때

기분이 좋아지도록 생각을 바꿔보세요.

생각을 바꾸면 기분 나쁜 일들이 좋은 방향으로 흘러가요.

인생의 터닝 포인트가 필요할 때

살다 보면 그런 날이 있다. 어떻게 살아야 할지, 어디로 가야 할지 모르는 시간 속에서 방황하는 날이다. 이 길도 막히고 저 길도 막혀서 사방이 꽉 막힌 것 같은 순간, 도무지 길이 보이지 않아 숨을 쉴 수 없을 것 같은 순간, 뭘 어떻게 해볼 도리가 없다. 절망스럽기만 하다. 누구나 한 번쯤 이런 순간을 경험하지 않았을까? 아니면 지금 이런 상황을 맞고 있을 수도 있다. 나에게도 그런 시절이 있었다.

서울의 공연장을 그만두고 새로운 삶을 살고자 했으나 뜻대로 되지 않았다. 직장도 없고 집도 없어 용인에 사는 친구의 작은 아파트에서 지내고 있었다. 취업을 다시 하기 위해 밤낮으로 도서관에서 입사준비를 했다. 채용공고가 나면 원서를 작성하고 이력서를 수정하고 직무와 관련한 계획서를 만들었다. 원서를 제출하고 난 후에는 서류 통과 여부와 관계없이 면접 준비를 했다. 그렇게 몇 달 동안 입사원서를 열 곳 넘게 제출했는데 서류조차 통과되지 않았다. 면접을 볼 기회조차 얻지 못하니 자존감이 메말라갔다. 땅이 푹 꺼지는 느낌이었다. 통장의 잔고는 점점 줄어들고 경력단절의 시간은 점점 늘어나니 벼랑 끝에 몰리는 기분이었다. 친구들은 걱정스러운 말투로 위로를 건넸지만 그게 더 마음을 아프게 했다. 부모님께는 잘 지내고 있으니 걱정하지 마시라고 했다. 절벽에 가까워지고 있었다.

고통스러운 시간이었다. 아침에 눈을 뜨면 괴로움이 밀려와 잠에서 깨기가 싫었다. 그렇다고 하루 종일 친구의 아파트에만 있을 수는 없었다. 그래서 아침밥을 먹은 후 자전거를 타고 도서관으로 향했다. 어느 날부터는 딱히 원서를 쓸 곳이 없어서 좋아하는 음악을 듣기 시작했다. 우울해서 그랬는지 기분이 좋아지는 음악에 마음이 끌렸다. 특히 클래식과 국악 등 장르를 가리지 않고 가슴을 뛰게 하는 음악을 들었다. 베토벤의

합창교향곡과 케논변주곡, 가브리엘의 오보에, 바흐의 연주곡 등 심장을 고동치게 하는 음악에 빠져들었다. 피아니스트 양방언의 〈프론티어〉와 신해철의 〈It's okay〉도 매일 들었다. 날마다 기분 좋은 음악을 들으니 지금의 어려움이 조금은 긍정적으로 느껴졌다. 비록 직장이 없는 백수였지만 지금의 시간이 몸과 마음을 재충전할 수 있는 귀중한 순간이라는 생각이 들었고, 이 시간이 감사하게 느껴졌다. 그리고 지금의 위기를 곧 이겨낼 수 있을 것 같은 희망이 조금씩 자라기 시작했다. 특히 음악을 들으면서 기분이 좋아 감정이 북받칠 때는 안정적인 직장에서 일하는 모습을 상상했다. 그런 상상을 할 때는 기분이 너무 좋아져 눈물이 쏟아지기도 했다. 음악을 들으며 좋은 기분을 느끼던 어느 날, 불현듯 고향과 가까운 대전이나 세종에 있는 회사에서 일을 해야겠다는 생각이 들었다. 그전에는 계속 서울에 있는 회사에만 원서를 넣었는데 갑자기 그런 생각이 떠올랐다. 순식간에 벌어진 일이었다. 그러자 다시 의욕이 샘솟았다.

신기하게도 대전과 세종 쪽으로 입사를 해야겠다고 생각하는 순간, 내 경력에 맞는 일자리가 대전에 생겼고 얼마 후에 대전에서 다시 일을 할 수 있게 되었다. 만약 그때 좋은 기분 대신 실의와 절망에 빠져 있었다면 취업을 하지 못한 채 오랫동안 힘든 시간을 보냈을 것이다. 이처럼 기분이 나쁠 때 기분을 좋게 하는 활동을 통해 기분이 좋아지면 삶의 위기를 탈출하게 하는 터닝 포인트를 만날 수 있다. 길이 안 보이는 절망적인 상황에서 벗어나도록 이끄는 생각이나 아이디어를 마주할 수 있다. 그 생각과 아이디어가 기분을 계속 좋게 한다면, 마음을 깊이 울린다면 용기를 내서 도전해야 한다. 좋은 기분은 생각의 틀에 가로막혀 있던 문제를 풀 수 있게 한다. 그래서 삶의 난관에서 터닝 포인트가 필요하다면 좋은 기분을 느껴야 한다. 기분을 전환해 현재보다 기분 좋게, 좀 더 가슴 뛰는 감정을 느껴야 한다. 그러면 깜깜한 어둠에서 나올 수 있고, 막막한 현실에서 벗어날 수 있다.

그래서 기분을 전환하는 일은 단순히 기분을 좋게 하는 일이 아니라 인생을 전환하는 일이다. 기분 전환이 인생 전환인 셈이다. 고작 기분을 좋게 했을 뿐인데 인생 전환이라고? 너무 오버하는 거 아닌가라고 묻는다면 기분의 힘을 과소평가하는 것이다. 기분에는 그런 힘이 있다. 삶을 바꾸고 인생을 변화시키는 힘이다. 꽉 막힌 삶에서 변화가 필요하거나 답답한 현실에서 벗어나고 싶다면 그 삶과 현실을 긍정적으로 바라보면서 지금 당장 좋은 기분을 느껴야 한다. 기분이 좋아지면 삶의 위기에서 터닝 포인트를 만날 수 있다.

<기분이 좋아지는 마법의 한 마디>

기분이 좋아지면 막혔던 문제가 풀려요.

삶의 위기에서 터닝 포인트도

기분이 좋아지면 만날 수 있어요.

진정 원한다면, 좋은 기분을 만들어라

원하는 것을 이루는 출발점은 원하는 것에 좋은 기분을 느끼는 것이다. 원하는 것에 대해 기분 좋은 감정을 느끼고, 좋은 기분을 만끽하는 것이다. 그러기 위해서는 원하는 것이 무엇인가를 알아야 한다. 내가 정말 원하는 것은 무엇인가? 이 공간에서, 이 시간에서, 이 직장에서, 이 학교에서, 이 만남에서, 이 관계에서, 이 업무에서, 이 인생에서, 내가 정말 원하는 것은 무엇인가? 이렇게 삶과 관련된 모든 것에서 원하는 것을 물어야 한다. 묻고 생각하고 느껴야 한다. 묻다 보면 원하는 것이 생각나고 그러면 마음이 기분이나 감정을 통해 정확하게 알려준다. 이렇게 원하는 것이 무엇인지를 자주 묻는 것은 원하는 삶으로 향하는데 반드시 필요하다.

원하는 것을 자주 물으면 원하는 삶이 분명해진다. 원하는 것이 무엇인지를 아는 것만으로도 원하는 삶을 향하는데 절반은 성공한 것이다. 우리는 원하는 삶이 무엇인지도 모른 채 겨우, 허겁지겁 살고 있다. 남들이 사는 대로, 습관대로, 어쩔 수 없이 산다. 그러면서 지금의 삶이 불행하다고 한탄한다. 우리는 원하는 삶을 살아야 한다. 그러기 위해 태어났고 그러기 위해 존재한다. 원하는 삶을 살기 위해서는 원하는 것을 계속 물어야 한다. 그렇게 묻다 보면 원하는 삶을 찾을 수 있고 그 방향으로 갈 수 있으며 잘못된 선택도 막을 수 있다. 일상생활 속에서 습관적으로 묻다 보면 이 길이 내가 가야 할 길인지, 지금의 선택이 최선인지가 명확하게 드러난다. 이처럼 원하는 것을 자주 묻는 것은 원하는 삶으로 가는 시작점이다. 원하는 것을 묻지 않으면 무의식적으로 판단해 어긋난 길에 들어설 가능성이 높다.

원하는 것을 묻는 것에 이어 원하는 것을 생각하고 느끼는 것도 중요하다. 특히 원하는 것을 감정으로 느끼는 게 굉장히 중요하다. 원하는 것을 물어서 구체적으로 생각했다면 이제는 감정으로 느껴야 한다. 그것이 지금 눈앞에 있다고 가정하고 떨리는 감정으로 느끼는 것이다. 그것이 지금 나에게 있다면 얼마나 흥분되고 설레겠는가? 원하는 것을 생각하는 것만으로는 한계가 있다. 감정이 함께 움직여야 한다. 원하는 것을 생각했다면 그것을 감정으로 느끼고 그 감정이 몸과 마음에 스며들어야 한다. 그래야 원하는 것이 명확하게 드러난다.

원하는 것을 생각과 감정으로 알아차렸다면 이제는 원하는 것에 대해 좋은 기분을 느껴야 한다. 그러기 위해서는 원하는 것을 내가 가질 수 있다는 믿음이 필요하다. 원하는 것은 내 것이 될 수 있는 확신이다. 나는 원하는 것을 가질 자격이 없다거나 가지는 것은 불가능하고 생각하면 좋은 기분을 느낄 수 없다. 그것을 가질 만한 자격과 능력이 충분하고, 가질 수 있다는 믿음과 확신이 있어야 한다. 이 믿음과 확신이 기분 좋은 감정을 깨우고 원하는 것에 대해 좋은 기분을 느끼게 만든다. 그런데 이 믿음과 확신에도 감정이 움직여야 한다. 믿음과 확신을 뿌리내리기 위해서는 기분 좋은 감정이 필요하다. 단순히 생각으로만 믿고 확신하는 것은 부족하다. 원하는 것이 지금 이 순간 이루어졌다고 느낄 때의 행복과 기쁨을 강하게 느껴야 그 감정이 믿음과 확신으로 뿌리내린다. 감정이 느껴지지 않으면 믿음과 확신도 금방 허물어진다.

이처럼 원하는 것을 이루는 데는 기분과 감정이 필수적이다. 원하는 것을 느낄 때도 기분과 감정이 필요하고, 원하는 것에 대한 믿음과 확신을 다질 때도 기분과 감정이 필요하다. 원하는 것을 생각하고 느끼며, 믿음과 확신을 바탕으로 원하는 것에 좋은 기분을 느낀다면 원하는 것을 이루는 출발점에 서게 된 것이다. 드디어 원하는 것을 이룰 수 있는 기반을 만들었다. 이처럼 원하는 것을 알고 그것에 대해 좋은 기분을 느끼는 것이 핵심이다.

우리는 원하는 것을 생각하지 않으면 원하지 않는 것만 생각하는 경향이 있다. 참 신기한 일이다. 그래서 원하는 것을 자주 생각해야 한다. 그래야 원하지 않는 생각이 줄일 수 있다. 우리가 기분 나쁜 삶을 사는 이유도 원하지 않은 생각을 너무 많이 하기 때문이다. 원하지 않는 생각에 휩싸여 살다 보니 늘 기분이 나쁘고 걱정과 두려움 속에서 시기하고 질투한다. 행복한 삶을 위해서는 매 순간 원하는 것을 묻고 생각하고 느껴야 한다. 그래야 기분이 좋아지고 걱정과 두려움이 줄어들며 마음이 넉넉해진다. 원하는 것을 이루는 출발점은 원하는 것이 무엇인지를 알고, 그것에 좋은 기분을 느끼는 것이다.

뜨겁게 원하고 차갑게 비워라

원하는 것이 이루어지는 순간은 늘 따로 있다. 무언가를 원한다고 아무 때나 이루어지지 않는다. 원하는 것을 생각하고 느끼는 것만큼 중요한 것이 원하는 것이 이루어지는 순간이다. 우리에게는 가끔 행운 같은 일들이 찾아온다. 지난해 가을이 그랬다. 일요일을 맞아 오랜만에 옷을 사야겠다고 마음먹고 집을 나섰다. 집 근처의 쇼핑몰에 가서 겨울 코트를 사기 위해서였다. 쇼핑몰로 가는 버스 안에서 나는 쇼핑몰에서 맞게 될 새로운 순간에 일어났으면 하는 상황을 상상했다. 곧 다가올 새로운 순간을 기분 좋게 맞고 싶었다. 마음에 드는 옷을 아주 저렴하게 사는 모습을 떠올렸고 기분 좋게 결제하는 모습도 마음속으로 그렸다. 기분이 너무 좋아 버스를 타고 가는 내내 웃음이 멈추질 않았다. 다른 사람들이 내 표정을 봤으면 이상한 사람이라고 했을 것이다. 버스에 내려 쇼핑몰을 향해 걸어가면서도 기분이 흐뭇했다.

쇼핑몰에 절반쯤 갔을 때 친구에게서 전화가 왔다. 정확하게는 이종사촌이었다. 연락이 하도 없어서 어떻게 지내는지 궁금해서 전화했다는 친구와 오분 정도 살가운 대화를 나눴다. 마음이 잘 맞는 친구라서 같이 밥을 먹거나 전화 통화를 하면 무척 편하다. 통화를 마치니 기분이 더 상쾌해졌다. 그 순간 서둘러 쇼핑몰에 가야겠다는 생각이 들었고 급히 엘리베이터를 타고 매장에 갔다. 친구와 통화를 하기 전에 버스에서 생각했던 기분 좋은 상상은 이미 잊혔다. 그리고 기분 좋은 상상을 하면서 느꼈던 좋은 기분도 수면 아래로 가라앉았다. 드디어 매장에 도착했다. 매장은 이제 곧 겨울이 오고 있다는 것을 보여주는 듯 입구부터 겨울 코트가 잔뜩 진열되어 있었다. 그런데 눈을 의심케 하는 작은 배너가 보였다. 배너에는 '겨울 특가! 전 코트 1만 원. 12월 10일까지'라고 적혀 있었다.

눈이 동그래진 나는 가까이 가서 배너를 다시 한번 확인했다. 겨울 코트를 정말 만 원에 판다고? 마침 매장 직원이 옷을 들고 지나가길래 "정말 이 가격에 코트를 파는 거예요?"라고 물으니 직원은 '네! 오늘 횡재하신 날이에요. 빨리 사세요!"라고 하는 것이었다. 대박이었다. 그 말이 떨어지기가 무섭게 여기저기 다니면서 옷 구경을 했다. 남성용 코트와 여성용 점퍼 등 다양한 겨울옷이 가득 걸려 있었다. 남성용 코트가 걸려 있는 쪽으로 가서 겨울 코트를 차례대로 입어보는데 믿을 수 없을 정도로 품질이 좋았다. 디자인도 마음에 들었다. 물론 만든 지 2~3년이 지난 이월상품이었지만 입는 데는 전혀 지장이 없었다. 제값을 주고 샀으면 꽤 비싼 옷들이었을 것이다. 몇 개의 코트를 입어본 끝에 나는 두 개의 겨울 코트를 골라 결재를 했다. 딱 2만 원이 들었다. 쇼핑몰을 나오면서 이게 꿈인지 생시인지를 모를 정도도 기분이 좋았다. 무엇보다도 내가 상상했던 일들이 그대로 일어난 게 너무 기뻤다. 지금도 그 옷을 바라보면 기분이 좋다.

내 경험처럼 우리에게는 원하는 것이 이뤄지고 행운이 다가오는 순간은 따로 있다. 그 순간이 원하는 것에 대해 좋은 기분을 가득 느낀 후, 좋은 기분을 내려놓아 마음이 텅 비워진 순간이다. 원하는 것을 생각하고 그것이 지금 이뤄진 것처럼 행복과 기쁨을 만끽한 후 마지막 순간에는 모든 생각과 감정을 내려놓아 마음이 홀가분해진 순간이다. 그때 원하는 것이 이뤄지고 행운이 다가온다. 강렬하게 원하고 깨끗하게 비워야 원하는 것이 이루어진다. 원하고 비우는 것이 핵심이다. 이때 모든 꿈과 소망이 실현된다. 원하는 감정을 비우지 못해 안달복달하거나 불안해하거나, 초조해하면 절대로 이뤄지지 않는다.

이를 위해서는 몸 상태를 잘 유지해야 한다. 잠을 푹 자고 컨디션이 좋아야 한다. 그래야 좋은 기분을 깊이 느낄 수 있다. 컨디션이 나쁘거나 불안정하면 기분이 처져 원하는 것에 좋은 기분을 느끼기가 어렵다. 또한 마음도 잘 관리해야 한다. 기분 나쁜 일이나 기분 나쁜 생각 때문에 마음이 괴로워도 기분이 좋지 않아 원하는 것이 이루어지는 순간을 맞을 수 없다. 우리 삶에는 늘 기적 같은 일들이 일어난다. 기적은 좋은 기분이 쌓여서 만들어진다. 좋은 기분이 쌓이고, 좋은 기분을 사람들과 나눠 좋은 기분이 주변의 모든 것으로 퍼져나갈 때 기적이 찾아온다. 우리는 기적을 이루는 사람들이다. 그래서 기적을 기대해야 한다. 기적도 기대하고 기다리는 사람에게만 찾아온다. 원하는 것, 행운, 기적 모두 좋은 기분이 뿌리다. 좋은 기분을 뜨겁게 느끼고 차갑게 마음을 비워서 결과를 맡기면 원하는 것, 행운, 기적이 찾아온다. 원하는 것이 이루어지는 순간은 따로 있다. 뜨겁게 원하고 차갑게 비우기! 그게 답이다.

〈기분이 좋아지는 마법의 한 마디〉

좋은 기분이 쌓이면 행운이 오고,

좋은 기분이 쌓이고 그 기분을 사람들과 나누면

기적이 생겨요.

기분을 활용해야 풍요의 문이 열린다

지난 2010년 발간돼 큰 화제를 몰고 왔던 『해빙』이란 책이 있다. 부와 행운을 끌어당기는 힘이란 부제로 달고 나온 책인데 엄청난 판매량을 기록하며 오랫동안 베스트셀러에 올랐다. 많은 사람들이 이 책에 열광했던 이유는 부자가 되는 방법을 독특한 관점에서 설명한 것과 함께 저자인 이서윤의 특이한 이력 때문이었다. 이서윤은 사주와 관상에 능했던 할머니의 영향으로 어릴 때 운명학을 배웠고 자라면서 주역과 명리학 등을 접했다. 대학과 대학원에서 경영학을 공부한 후 경영인들에게 투자전략 등을 조언하며 재산을 늘리는 방법을 코칭하고 있다.

이서윤은 책에서 돈에 대한 편안한 마음이 우리를 부자로 만든다고 말하며 돈에 대한 감정을 바꾸는 게 가장 중요하다고 주장한다. 돈이 지금 있다고 생각하고 돈에 대해 좋은 기분을 느끼는 것, 이것이 바로 부자가 되는 길이라는 것이다. 그러면서 감정은 현실을 변화시키는 힘이자 미래를 창조하는 에너지라고 강조한다. 책에는 돈에 대해 감정을 변화시켜 부자가 된 사람들의 이야기가 많이 나온다. 결국 우리에게는 원하는 것을 이루게 하는 힘이 있는데 그 힘이 바로 기분과 감정이라고 책은 말하고 있다.

원하는 것에 좋은 기분을 느낄 때 원하는 것이 내게 오고, 원하는 미래가 펼쳐진다. 원하는 대상을 돈으로 바꾸면 된다. 돈에 대해 좋은 기분을 느끼면 예상치 못했던 곳에서 돈이 들어오거나 상상했던 곳에서 돈이 들어온다. 사실 나는 이 책을 읽으며 깜짝 놀랐다. 내가 인도 히말라야 산맥을 넘으면서 깨달았던 것과 똑같은 주장을 하고 있기 때문이다. 단지 대상을 여행에서 돈으로 바꾼 것뿐이다. 나는 다시 한번 확신했다. 삶을 바꾸는 것은 결국 기분과 감정이라는 것을! 그렇다면 어떻게 기분을 활용해 풍요를 누리고 부자가 될 것인가? 돈에 대해 좋은 기분을 느끼는 것이 첫 번째다. 돈에 대해 기분 좋은 감정을 느끼면서 돈에 대한 저항감을 줄여야 한다. 우리는 돈을 생각하면 기분이 좋지 않다. 엄청난 저항감을 가지고 있다. 돈은 늘 부족하고, 돈에 늘 쪼들리고, 돈 때문에 늘 괴로우니 당연하다. 특히 돈을 쓸 때 기분이 더 나빠진다. 오랜만에 친구를 만나 삼겹살을 먹어도 밥값을 낼 때는 부담스럽다. 두려움을 느끼기도 한다. 요즘처럼 월급은 늘지 않는데 물가가 천정부지로 오르면 더욱 그렇다.

예상치 못한 지출이 생기면 돈에 대한 저항감은 공포 수준으로 바뀐다. 갑자기 차가 고장나거나 몸이 아파서 병원에 가야 한다면 돈 자체를 혐오스럽게 바라본다. 돈을 미워하고 저주하기도 한다. 이렇게 돈에 대해 나쁜 기분을 가질 때 우리는 계속 가난할 수밖에 없다. 빈곤에서 벗어날 수 없다. 세상의 모든 것은 우리가 느끼는 기분이라는 에너지로 연결되어 있고 그 에너지로 반응해 서로 끌리는데 돈에 대한 나쁜 기분이 풍요의 흐름을 차단한다. 그래서 돈에 대해 절대적으로 좋은 기분을 느껴야 한다. 적어도 돈을 편안하게 생각해야 한다. 두려움과 공포, 혐오나 저주가 아니라 돈에 대해 기분 좋은 감정을 느껴야 한다. 그래야 재정 상태가 나아진다.

그렇다면 돈에 대해 어떻게 좋은 기분을 느낄 수 있을까? 돈이 당장 궁

한데 돈에 대해 어떻게 해야 기분 좋은 감정을 느낄 수 있을 것인가? 나도 부자가 될 수 있다고 생각하면 된다. 나도 원하는 만큼 돈을 벌 수 있다고 생각하면 된다. 부자로 태어난 금수저를 제외하고는 모두가 이 생각을 발판으로 돈을 모았다. 이 생각을 하면 돈에 대한 기분이 나아지고 저항감도 줄어든다. 그리고 돈은 쓰는 만큼 반드시 들어온다고 생각하는 것도 좋다. 이 생각은 돈을 지출할 때의 부담감을 줄여 기분이 나빠지는 것을 막는다. 또한 지금 나에게 돈이 충분하게 있다고 생각하는 것도 필요하다. 그게 얼마가 됐든 지금 나에게는 돈이 있다고 느끼는 것이다.

가장 중요한 것은 위의 생각들을 기분 좋은 감정으로 깊이 느끼는 것이다. 단순히 생각만 하지 말고 감정으로 느껴야 한다. 지금 부자가 되었다고 생각하고 부자가 된 기분을 느끼고, 지금 원하는 만큼 돈이 들어오고 있다고 상상하고 돈이 들어오는 기분을 느끼는 것이다. 그리도 돈은 쓰는 만큼 반드시 들어온다고 생각하고 쓴 돈만큼 돈이 들어오는 기분을 느끼는 것이다. 감정이 충분하게 깨어나야 정말로 돈이 들어온다. 우리는 가난하게 살기 위해 태어나지 않았다. 돈에 대해서도 좋은 기분을 느끼고, 기분을 생생하게 활용할 때 풍요의 문이 열린다.

〈기분이 좋아지는 마법의 한 마디〉

부자가 되고 싶다면 부자가 된 기분을 느껴봐요.

여기저기서 돈이 들어와요.

기분에 따라 미래가 바뀌어요.

비극은 원하는 것을 생각하지 않을 때 시작된다

비극은 원하는 것을 생각하지 않을 때 시작된다. 내게도 그랬다. 지금 으로부터 10년 전, 서울의 공연장에서 일할 때였다. 이제 막 40대가 됐음 에도 결혼을 하지 않고 있는 나에게 부모님은 엄청난 성화를 부리셨다. 한 달에 한 번씩 주말을 이용해 고향에 계신 부모님을 만나러 가면 부모 님은 결혼 이야기로 시작해 결혼 이야기로 모든 말씀을 끝내셨다. 지금 누굴 만나고 있느냐? 왜 소개를 안 시키느냐? 그래서 언제 결혼할 거냐? 이 이야기가 한 바퀴 돌아야 1박 2일의 고향 일정을 끝낼 수 있었다. 서 울로 돌아가야 할 시간, 일요일 저녁 기차를 타기 위해 역으로 향하는 택시 안에서 부모님은 내 손을 꼭 잡고 다음에는 둘이 내려오라며 눈물을 글썽이셨다.

　매달 이런 일이 계속돼 여간 스트레스가 아니었지만 그래도 부모님을 만나러 가는 게 기분이 좋았던 건 고향에 아름다운 금강이 흐르고, 시골 분위기가 여전히 정겨웠기 때문이었다. 금강유원지에서 바라본 굽이굽이 흐르는 금강은 답답한 마음을 펑 뚫리게 했고, 예나 지금이나 변함이 없는 읍내의 풍경은 직장 생활하면서 받았던 마음의 상처를 따뜻하게 보듬어주었다. 그래서 부모님을 만나러 가는 길은 스트레스 이상의 설렘과 행복을 느끼게 했다. 보다 못한 아버지가 드디어 행동에 돌입하셨다. 이대로는 안 되겠다 싶으셨는지 아버지는 동네에서 친하게 지내시던 같은 계원의 아저씨에게 부탁을 한 모양이었다. 어느 초여름의 토요일에 기차를 타고 고향집에 내려가니 아버지는 한참을 머뭇거리시다가 내게 쪽지를 건네주셨다. 손으로 직접 쓰신 쪽지에는 낯선 이름과 전화번호가 적혀 있었다. 아버지는 "뒷집 아저씨의 조카여. 인천에서 산다는 데 함 만나봐! 나이도 비슷하고 알았지?" 젊었을 때 과묵했던 아버지는 점점 다정해지셨고 따뜻해지셨다. 그 변화된 모습이 안쓰러워 차마 거절을 못하고 큰 소리로 그러겠다고 말했다.

두 달이 흘러 계절이 가을로 바뀔 때쯤 노량진에서 그녀를 처음 만났다. 밝고 쾌활한 모습이 직장생활에 탈진한 나에게 새로운 에너지를 깨워주었다. 그 당시, 나는 직장생활을 하면서 몸과 마음이 많이 지쳐 있었다. 위장병으로 고생하다가 치료를 받으면서 몸은 좋아지고 있었지만 마음이 여전히 사막을 걷고 있는 기분이었다. 일을 잘한다고 인정을 받아 승진도 연속으로 했고 포상도 많이 받았지만 그게 오히려 마음의 욕심을 키웠는지 일이 성에 차지 않으면 화가 났다. 그리고 주어진 업무가 마음에 들지 않으면 회사가 나를 우습게 본다고 생각해 분노가 일었다. 그리고 오랜 서울 생활에서 오는 쓸쓸함과 외로움이 회사에서의 감정과 맞물려 깊은 허무함을 느끼게 했다. 그 당시 나는 분노와 미움, 허무함에 사로잡혀 기분이 늘 울적했다. 그런 감정 상태로 그녀를 몇 차례 만났다. 소주를 먹으면서 여행 이야기를 했고, 청하를 마시면서는 제주도 이야기를 했다. 제주도에 자주 내려가 스킨 스쿠버를 한다는 그녀는 메마른 나의 가슴에 생동감을 불러일으켰다. 그녀에 대한 마음이 조금씩 커지고 있었다.

바로 그때! 나는 그녀에게, 그녀와의 만남을 통해 내가 원하는 것을 생각하고 느끼고 말했어야 했다. 내가 원하는 것, 원하는 삶을 천천히라도 꺼냈어야 했다. 그런데 그러지 못했다. 오랜만에 마음이 맞는 여자를 만났다고 생각해서였을까? 그녀가 원하는 것이 내가 원하는 것이라고 생각했다. 그녀가 원하는 것을 나도 원하게 될 것이라고 생각했다. 큰 착각이었다. 문제는 거기서 비롯됐다. 그때 이미 나의 비극은 시작되고 있었다. 그녀와의 관계 속에서 원하는 것을 생각하고 느끼지 않자 점점 원하지 않은 생각만 떠올랐고 결국 원하지 않는 일들만 벌어졌다. 특히 회사생활에서 느꼈던 기분 나쁜 감정 속에서 그녀를 만나다 보니 그것과 똑같은 감정을 그녀를 통해 느끼게 되었다. 그녀는 나에게 화를 냈고, 분노했고, 깊은 좌절감을 느낀다고 말했다. 회사생활을 하면서 느꼈던 부정적인 감정을 그녀를 통해 돌려받은 것이었다.

나는 그 일을 계기로 모든 비극은 원하는 것을 생각하지 않는 데서 시작된다는 것을 깨달았다. 예상치 못한 일들, 각종 사건 사고와 의도하지 않은 불행한 일들은 모두 원하는 것을 생각하지 않았기 때문에 벌어지는 일들이다. 그래서 우리는 새로운 순간마다 진짜 원하는 것이 무엇인지를 계속 생각하고 느껴야 한다. 그리고 말해야 한다. 그래서 새로운 순간에는 그 순간에 원하는 기분과 감정으로 맞아야 한다. 그러지 않으면 과거의 감정에 따른 기분 나쁜 일들과 원하지 않는 일들만 생긴다. 원하는 게 없다면? 가슴속에 잠자고 있는 열망과 열정을 깨워야 한다. 원하는 게 없다는 것은 원하는 걸 다 이뤘다는 말이 아니다. 원하는 것에 마음이 울리지 않는다는 뜻이다. 모든 비극은 원하는 것을 생각하지 않을 때 시작된다. 지금 이 순간, 이 공간에서 원하는 것을 느껴야 한다. 그래야 비극을 멈출 수 있다.

<기분이 좋아지는 마법의 한 마디>

지금 무엇을 원하나요? 지금 이 순간 원하는 것을 생각하고 느껴봐요!

원하는 것을 생각하지 않으면 원하지 않는 것만 생각하게 돼요.

그러면 삶이 불행해져요.

기분 나쁜 감정에 휩쓸리지 마라

인도 히말라야 산맥을 무사히 통과하고 레에서 꿈같은 여행을 마친 후 귀국한 나는 기분을 활용하면 생각하기도 싫고, 생각만 해도 끔찍한 최악의 상황을 피할 수 있다는 확신이 들었다. 해발 5천 미터에 이르는 히말라야 산맥을 고산병 없이 무탈하게 지난 것은 물론 낭떠러지와 협곡, 빙판길 등 많은 위험이 도사리고 있었음에도 이를 극복하고 레에 안전하게 도착한 것이 이를 증명한다. 이 경험을 계기로 나는 최악의 상황이 예상될 때마다 이 믿음을 적극적으로 활용하기 시작했다.

그렇게 세월이 흘러 대전에서 회사생활을 하고 있었다. 그러던 어느 날, 엄마가 갑자기 어지럼증을 호소하셨다. 눈이 핑 돌 듯이 어지러워 밖을 나가지 못하겠다고 하셨다. 불안감이 밀려왔다. 고혈압과 고지혈증에 당뇨를 앓고 계셨던 엄마는 그동안 약도 잘 챙겨 드셨고, 틈틈이 걷기 운동도 하셔서 건강관리를 잘하고 계셨는데 난데없이 어지럼증이 찾아온 것이었다. 토요일에 엄마를 모시고 고향의 병원에 갔다. 중년의 신경과 의사는 몇 가지 질문으로 엄마의 상태를 확인한 후 MRI를 찍어보자고 했다. 40여 분간의 검사를 마치고 진료실에 들어간 엄마와 나는 청천벽력 같은 진단을 받았다. 뇌동맥류였다. 엄마의 머릿속에서는 뇌의 혈류가 꽈리를 틀 듯 비정상적으로 튀어나와 있었고, 이게 터지면 목숨까지도 위험할 수도 있다고 의사는 말했다. 진단서를 그 자리에서 써 주면서 의사는 "어지럼증이 뇌동맥류 때문인지는 불확실하지만 하루라도 빨리 수술을 하는 게 최선이니까 일단 대전에 있는 큰 병원에 서둘러 가보세요."라고 덧붙였다. 하늘이 무너지는 것 같았다. 자식들을 위해 본인을 희생하며 살아오신 엄마의 모습에 눈물이 쏟아졌다. 내가 중학교 다닐 때 집에 쌀이 부족해 추수가 끝난 논으로 떨어진 나락을 주우러 나가셨다가 밤늦게 들어오셨던 엄마의 모습이 떠올랐다.

이틀 후, 월요일에 휴가를 내고 대전의 종합병원에 엄마를 모시고 갔다. MRI보다 정확하게 판독할 수 있는 장비가 있다고 해서 검사를 다시 했다. 날카롭게 생긴 신경외과 교수는 신경질을 내면서 검사 결과를 설명했다. 화가 났지만 참았다. 의사는 엄마의 머리에는 뇌동맥류가 세 개 있는데 현재 자신의 기술과 병원의 장비로는 엄마의 머리를 열어서 뇌동맥류를 안전하게 제거하는 것은 불가능하다고 설명했다. 그러면서 서울에 있는 큰 병원에 가라는 건지, 아니면 아예 수술이 불가능하니 조심하면서 사는 방법밖에 없다는 건지 이야기를 해주지 않고 그냥 돌아가라고만 되풀이하는 것이었다. 어이가 없었다. 병원을 나오니 어떻게 해야 할지 아무것도 떠오르지 않았다. 일단 집으로 엄마를 보시고 가서 최대한 안심을 시켜드렸다. "엄마, 걱정하지 마! 내가 어떻게 해서든 고쳐줄 테니까." 엄마는 오히려 웃으면서 "나는 괜찮아! 나는 괜찮아!"라고 담담하게 말씀하셨다.

그날 밤, 나는 엄마에게 그리고 우리 가족에게 닥칠 최악의 상황들이 떠올라 잠을 잘 수가 없었다. 슬픔과 두려움이 동시에 느껴졌고, 통곡에 가까운 울음이 계속 나왔다. 몸서리가 처질 정도로 기분이 나빴다. 고요한 명상음악을 들으니 심란한 기분이 조금은 가라앉았다. 그러면서 인도에서의 경험이 떠올랐다. '나에게는 미래를 원하는 방향으로 바꿀 수 있는 힘이 있다.'라는 울림이 마음속에서 강하게 느껴졌다. 그러면서 이렇게 우울하게 있을 때가 아니라는 생각이 번뜩 들었다. 그래서 엄마가 무사하게 수술을 받으시고 건강하게 퇴원하는 모습을 상상하기 시작했다. 걱정과 두려움이 밀려올 때마다 이 상상을 하면서 편안함을 느끼려고 노력했다. 불안한 마음이 다소 좋아졌지만 그래도 모든 게 걱정스러웠다. 다음날 출근하자마자 서울아산병원에 전화를 했다. 안내원은 영상의학과로 접수를 하면 좀 더 빠르게 진료를 받아볼 수 있다고 했다. 그렇게 해서 예약을 하고 두 달 후 엄마를 모시고 서울아산병원에 갔다. 물론 그 기간 동안에도 최악의 상황이 아닌 내가 정말 원하는 것만을 생각하고 느끼면서 기분 좋은 상상을 계속했다. 걱정과 두려움이 생길 때마다 안도감을 느꼈다.

진료실에 들어서니 신경외과의사가 "수술하면 돼요. 걱정하지 마세요. 사이즈가 좀 큰데 머리를 열지 않고 색전술로 시술할 수 있어요. 괜찮아요!"라고 하는 것이었다. 천만다행이었다. 이제야 마음이 놓였다. 그 후 엄마는 다시 두 달을 기다린 끝에 성공적으로 수술을 마치셨다. 어지럼증도 사라지셨고 마음의 안정도 되찾으셨다. 우리에게는 늘 이런 최악의 상황들이 예상치 않은 순간에 다가온다. 이때 우리가 할 수 있는 최선의 행동은 최악의 상황이라는 생각 속에서 이리저리 떠오르는 기분 나쁜 감정들, 걱정과 두려움, 불안감에 휩쓸리지 않는 것이다. 대신 그 순간에 가장 원하는 것을 생각하고 강렬하게 느끼는 것이다. 그래서 편안함을 느끼고 안도감을 깨워야 한다. 최대한 느낄 수 있는 좋은 기분을 가슴에서 불러내야 한다. 그런 후에 모든 생각과 감정을 내려놓고 마음을 비운 후 마지막 순간을 맞아야 한다. 그래야 최악의 상황에서도 기분 좋은 결과를, 원하는 결과를 얻을 수 있다. 우리에게는 생각만 해도 끔찍한, 최악의 상황을 이겨낼 수 있는 힘이 있다. 기분 나쁜 감정에 휩쓸리지 않고 좋은 기분만 있으면 된다.

〈기분이 좋아지는 마법의 한 마디〉

좋은 기분은 미래를 원하는 방향으로 바꾸는 힘이 있어요.

어떤 상황을 간절히 바란다면

그 상황에 대해 좋은 기분을 느껴야 해요.

바로 지금, 기분을 활용할 순간!

인천에 잠시 살던 시절이 있었다. 행복을 꿈꾸며 시작한 삶이었는데 점점 그 삶이 축 처진 옷처럼 거추장스러웠고 무거웠다. 무엇이 잘못된 걸까? 나는 어떻게 살아야 할까? 이런 고민들 속에서 하루하루 힘겹게 버티고 있었다. 버티는 삶이 아니라 즐거운 삶을 살아야 할 시기였는데, 다들 그렇게 살 거라고 기대하고 있는데 나는 숨만 쉬면서 간신히 살아내고 있었다. 그러다가 도저히 안 될 것 같아 명상을 다시 시작했다. 직장생활을 하면서 처음 배워 한동안 하다가 인천으로 오면서 하지 못했다. 고요한 음악을 들으며 아무 생각도 하지 않고 마음을 텅 비웠다. 혼란스러운 생각과 감정을 다 내려놓고 고요한 음악에 마음을 맡겼다. 그렇게 마음을 비우니 조금씩 기분 좋은 감정들이 느껴졌다. 마음이 감미롭고 향기로우면서 기분이 좋아졌다. 그 당시 나는 명상을 할 때와 잠을 잘 때가 가장 즐거웠다. 오죽했으면 이렇게 계속 잠만 잤으면 좋겠다고 생각할 때도 있었다.

명상에 빠져드는 날들이 이어지고 있었다. 어느 날은 명상을 하면서 반짝반짝 빛나는 흰색의 빛이 나에게 쏟아져 들어와 몸과 마음을 흰색으로 물들이는 모습을 상상했다. 빛 명상이었다. 머리에서 들어온 영롱한 흰색의 빛이 가슴과 배를 지나 발까지 스며드는 모습을 이미지로 그렸다. 몸 전체가 천국에서 볼 수 있을 법한 아름다운 흰색의 빛깔로 뒤덮였다. 그러자 지금 이 순간이 너무 행복하고 소중하다는 생각이 들었다. 가슴이 벅찰 정도로 기쁨이 넘쳤다. 명상을 마치면 또다시 괴로운 현실과 마주하겠지만 그 현실 너머의 의미와 가치가 지금의 내 삶 속에 있다는 생각이 들었다. 나를 성장시키는 지금이 기분 좋게 느껴졌고, 삶이 고통스럽지만 지금 이 순간을 기분 좋게 느껴야겠다고 생각했다. 그리고 후회 없이 살아야겠다는 생각도 들었다. 오랜만에 맛본 황홀함이었다. 그 황홀함을 안고 집으로 향했다.

나는 명상을 주로 도서관에서 했다. 도서관에서 마음이나 감정에 관한 책을 읽으면서 틈틈이 눈을 감고 명상에 빠져들었는데 그때도 그랬다. 그렇게 명상을 마치자 인천 제물포역 근처에 있는 집으로 돌아가야 할 시간이 되었다. 도서관을 빠져나와 길을 걷는데 멀리서 중고가전제품 판매점이 보였다. 길을 걸으면서도 흰색의 빛깔로 채워진 몸과 마음에서 기쁨과 황홀함이 뿜어져 나오는 것 같았다. 가전제품 판매점에 가까워지자 직원들이 차에서 가전제품을 내리는 게 보였다. 중고 냉장고와 세탁기였다. 가전제품 판매점에 이르러 이윽고 그 앞을 지나가는 순간, 직원들이 차에서 막 내린 냉장고의 문이 활짝 열리는 것이었다. 그리고 그 안에서 흰색의 밝은 빛이 가득 뿜어져 나오는데 눈이 부셔 쳐다볼 수 없었다. 반짝반짝 빛나는 영롱한 빛이 쏟아져 나왔다. 냉장고 안에서 어떻게 그런 빛이 나올 수 있는지 놀라웠다. 불과 몇 분 전에 도서관에서 빛 명상을 하면서 몸과 마음에 적셨던 그 빛이었다. 냉장고 문이 열리는 순간에 가전제품 판매점 앞을 지나면서 그 장면을 볼 수 있었던 것도 신기했다. 이런 우연이 어떻게 있을 수 있을까? 너무 놀란 나머지 나는 그 자리에 주저앉을 뻔했다. 도서관에서 흰색의 빛으로 몸과 마음을 물들이는 명상을 했는데 몇 분 후에 그와 똑같은 일이 현실에서 벌어진 것이다. 나는 현실이 힘들지만 지금 행복을 느끼고, 현재의 삶을 기분 좋게 바라봐

야겠다는 생각이 이런 기적 같은 일을 만들었다는 것을 느낌으로 알 수 있었다. 그 신비로움이 아직도 생생하다.

나는 이 일을 계기로 명상을 하면서 마음먹었던 생각들을 굳게 믿게 되었다. 지금의 삶을 기분 좋게 바라보면서 후회 없이 살자는 마음을 더 강하게 먹었다. 그러자 내가 가야 할 길이 마음속에서 느껴지기 시작했다. 두려움이 조금은 일었지만 용기를 내서 결심을 하고 그 길을 걸으며 2020년에 첫 번째 책을 낸 후 기분전문가로서의 삶을 이어오고 있다. 우리 삶은 매 순간이 고통의 연속이다. 육체적 고통과 경제적 고통, 관계의 고통이 늘 우리를 따라다닌다. 그 고통을 이기고 건강과 풍요, 행복으로 가는 길은 바로 지금 이 순간의 기분에 있다. 지금 이 순간, 어떤 기분을 느끼고 기분을 어떻게 활용하느냐에 달려 있다. 기분은 지금 이 순간에만 느낄 수 있고, 지금 이 순간에만 활용할 수 있는 에너지다. 그래서 지금이 중요하다.

삶이 고통스러울수록 지금을 살아야 한다. 과거를 후회하거나 미래를 걱정할 게 아니라 지금 느껴지는 좋은 기분을 통해서 원하는 삶을 꿈꾸고 바라는 삶을 향해나가야 한다. 지금 좋은 기분을 느끼면서 행복 속에서 존재해야 한다. 우리에게는 오직 지금 이 순간밖에 없다. 지금 기분을 좋게 하는 것이 고통스러운 삶을 변화시키고 원하는 삶을 이루는 길이다. 내가 명상을 하면서 지금의 기분을 변화시키고 지금을 긍정적으로 받아들이자 신비로운 일이 일어난 것처럼 지금 속에, 지금의 기분 속에 행복과 소망이 피어난다. 현실이 괴로울수록 지금을 살아야 한다. 행복한 현재가 멋진 미래를 만든다. 지금이 기분을 활용할 최고의 시간이다.

<기분이 좋아지는 마법의 한 마디>

다가올 순간들은 원하는 삶을 이룰 수 있는 마법의 시간이에요.

그 순간에 일어났으면 하는 생각을 해봐요.

그러면 그 일들이 실제로 벌어져요.